Un viaggio culinario nel Mediterraneo

100 RICETTE PER ESPLORARE I RICCHI SAPORI E LE TRADIZIONI DEL MEDITERRANEO

Oscar Secci

Tutti i diritti riservati.

Disclaimer

Le informazioni contenute in questo eBook intendono fungere da raccolta completa di strategie su cui l'autore di questo eBook ha svolto ricerche. Riepiloghi, strategie, suggerimenti e trucchi sono solo raccomandazioni dell'autore e la lettura di questo eBook non garantisce che i risultati rispecchino esattamente quelli dell'autore.

L'autore dell'eBook ha compiuto ogni ragionevole sforzo per fornire informazioni aggiornate e accurate ai lettori dell'eBook. L'autore e i suoi collaboratori non saranno ritenuti responsabili per eventuali errori o omissioni involontarie eventualmente riscontrate. Il materiale contenuto nell'eBook può includere informazioni di terze parti. I materiali di terze parti comprendono opinioni espresse dai rispettivi proprietari. Pertanto, l'autore dell'eBook non si assume alcuna responsabilità per materiale o opinioni di terzi. Che sia a causa della progressione di Internet o dei cambiamenti imprevisti nella politica aziendale e nelle linee guida per la presentazione editoriale, ciò che viene dichiarato come fatto al momento della stesura di questo articolo potrebbe diventare obsoleto o inapplicabile in seguito.

L'eBook è protetto da copyright © 202 3 con tutti i diritti riservati. È illegale ridistribuire, copiare o creare opere derivate da questo eBook in tutto o in parte. Nessuna parte di questo rapporto può essere riprodotta o ritrasmessa in qualsiasi forma riprodotta o ritrasmessa senza il consenso scritto, espresso e firmato da parte dell'autore.

SOMMARIO

SOMMARIO 4

INTRODUZIONE 8

ANTIPASTI MEDITERRANEI 10

   1. Frittelle croccanti di gamberi 11
   2. Pomodori ripieni 14
   3. Frittelle di baccalà con salsa aioli 17
   4. Crocchette di gamberi 21
   5. Cris patate speziate 24
   6. S gamberetti gambas 27
   7. Vinaigrette di cozze 30
   8. Peperoni ripieni di riso 33
   9. Calamari al rosmarino e olio al peperoncino 36
   10. Insalata Di Tortellini 39
   11. Insalata Di Pasta Caprese 42
   12. Bruschette al balsamico 44
   13. Palline di pizza 47
   14. Bocconcini di capesante e prosciutto 50
   15. Melanzane al miele 53
   16. Salsiccia cotta nel sidro 56
   17. Bocconcini di pasta di pollo italiana 58
   18. Spiedini di manzo spagnoli 60
   19. Mix croccante di popcorn italiani 63
   20. Arancini 66
   21. Manchego Con Conserva Di Arancia 71
   22. Nacho italiani 75
   23. Pintxo di pollo 79
   24. Involtini di manzo italiano 82

25. Roll-up di peperoni italiani..........85

PIATTO PRINCIPALE MEDITERRANEO..........88

26. Riso italiano spagnolo..........89
27. Paella italiana..........93
28. Insalata di patate spagnola..........98
29. Carbonara spagnola..........101
30. Polpette al sugo di pomodoro..........104
31. zuppa di fagioli bianchi..........107
32. zuppa di pesce..........110
33. Pasta e Fagioli..........113
34. Zuppa Di Polpette E Tortellini..........116
35. Pollo al Marsala..........119
36. Pollo Cheddar All'Aglio..........122
37. Fettuccine Di Pollo Alfredo..........125
38. Ziti con Salsiccia..........128
39. Salsiccia e Peperoni..........131
40. Lasagne saporite..........134
41. Cena a base di pesce Diavolo..........138
42. Linguine e Scampi..........141
43. Gamberi con salsa di crema al pesto..........144
44. Zuppa di pesce e chorizo..........147
45. Ratatouille spagnola..........150
46. Stufato di fagioli e chorizo..........153
47. Gazpacho..........156
48. Calamari e Riso..........160
49. Spezzatino di coniglio al pomodoro..........163
50. Gamberi Al Finocchio..........166

DOLCE MEDITERRANEO..........169

51. Panna Cotta Al Cioccolato..........170
52. Galette di formaggio con salame..........173
53. Tiramisù..........176
54. Torta cremosa alla ricotta..........179

55. Biscotti all'anice 181
56. Panna cotta 184
57. Flan al caramello 187
58. Crema Catalana 190
59. Crema spagnola all'arancia e limone 193
60. Melone ubriaco 196
61. Sorbetto alle mandorle 199
62. Torta di mele spagnola 202
63. Crema pasticcera al caramello 206
64. Torta di formaggio spagnola 209
65. Crema pasticcera fritta spagnola 212
66. Torta di carciofi all'italiana 216
67. Pesche al forno italiane 220
68. Torta piccante italiana alle prugne 223
69. Caramelle alle noci spagnole 227
70. Budino al miele 229
71. Torta spagnola di cipolle 232
72. Soufflé di pan spagnolo 235
73. Semifreddo ghiacciato al miele 237
74. Zabaione 241
75. Affogato 244

BEVANDE MEDITERRANEE 246

76. Rum e zenzero 247
77. Soda alla crema italiana 249
78. Sangria spagnola 251
79. Tinto de verano 254
80. Sangria al vino bianco 256
81. Orzata 259
82. Licor43 Cuba Libre 262
83. Frutta Agua Fresca 264
84. Caipirinha 266
85. Carajillo 268

86. Liquore al limone...270
87. Sgroppino..273
88. Aperol Spritz...275
89. Soda italiana alla mora...277
90. Granita al caffè italiano..279
91. Limonata al basilico italiano................................282
92. Gingermore...285
93. Ugo..287
94. Frappé spagnolo di frutta fresca..........................290
95. Cioccolata calda in stile spagnolo........................292
96. Chinotto Verde..294
97. Rose Spritz _ _...296
98. Tesoro , ape cortado...298
99. Amari agli agrumi...300
100. Pisco Sour...303

CONCLUSIONE..305

INTRODUZIONE

Benvenuti in "Un viaggio culinario nel Mediterraneo". La regione del Mediterraneo, con i suoi paesaggi mozzafiato e le diverse culture, è stata a lungo celebrata per la sua vivace cucina che riflette l'essenza della vita stessa. Questo libro di cucina è un invito a immergerti nei sapori, nei colori e nelle storie che hanno plasmato l'arazzo culinario di questa regione senza tempo.

Dalle coste della Grecia alle colline d'Italia, dai mercati del Marocco ai vigneti della Spagna, ogni angolo del Mediterraneo offre un'esperienza culinaria unica e incantevole. In queste pagine scoprirai una raccolta accuratamente curata di ricette che rendono omaggio alla generosità della regione di ingredienti freschi, erbe aromatiche e spezie audaci. Che tu stia ricreando un piatto tradizionale di famiglia o intraprendendo una nuova avventura culinaria, queste ricette catturano il cuore e l'anima della cucina mediterranea.

Preparati a lasciarti ispirare dalla semplicità e dall'eleganza che definiscono la cucina mediterranea. Il nostro viaggio insieme comprenderà un miscuglio di frutti di mare, oli d'oliva profumati, verdure baciate dal sole e le deliziose melodie delle risate attorno al tavolo. Man mano che approfondisci le ricette, non solo imparerai a padroneggiare le tecniche, ma coltiverai anche l'apprezzamento per la gioia di riunirsi, condividere e assaporare i piaceri della vita.

ANTIPASTI MEDITERRANEI

1. Frittelle croccanti di gamberi

Serve 6

Ingredienti :

- ½ libbra di gamberetti piccoli, sgusciati
- 1 tazza e ½ di farina di ceci o normale
- 1 cucchiaio di prezzemolo fresco a foglia piatta tritato
- 3 scalogni, la parte bianca e un po' delle tenere cime verdi, tritati finemente
- ½ cucchiaino di paprika dolce /pimenton
- Sale
- Olio d'oliva per friggere

Indicazioni :

a) Cuocere i gamberi in una pentola con acqua sufficiente a coprirli e portare ad ebollizione a fuoco vivace.

b) In una ciotola o in un robot da cucina, unisci la farina, il prezzemolo, gli scalogni e il pimentón per produrre la pastella. Aggiungere l'acqua di cottura raffreddata e un pizzico di sale.

c) Frulla o lavora fino ad ottenere una consistenza leggermente più densa della pastella per pancake. Conservare in frigorifero per 1 ora dopo la copertura.

d) Togliete i gamberetti dal frigo e tritateli finemente. I fondi di caffè dovrebbero avere le dimensioni dei pezzi.

e) Togliere la pastella dal frigorifero e incorporare i gamberetti.

f) In una padella pesante, versare l'olio d'oliva a una profondità di circa 1 pollice e scaldare a fuoco alto finché non inizia a fumare.

g) Per ogni frittella, versare 1 cucchiaio di pastella nell'olio e appiattire la pastella con il dorso di un cucchiaio in una forma circolare di 3 1/2 pollici di diametro.

h) Friggere per circa 1 minuto su ciascun lato, ruotando una volta o fino a quando le frittelle saranno dorate e croccanti.

i) Togliere le frittelle con una schiumarola e disporle su una pirofila.

j) Servire subito.

2. Pomodori ripieni

Ingredienti :

- 8 pomodorini piccoli, oppure 3 grandi
- 4 uova sode, raffreddate e sbucciate
- 6 cucchiai di aioli o maionese
- Sale e pepe
- 1 cucchiaio di prezzemolo, tritato
- 1 cucchiaio di pangrattato bianco, se si utilizzano pomodori grandi

Indicazioni :

a) Tuffate i pomodori in una bacinella di acqua ghiacciata o freddissima dopo averli spellati in una pentola con acqua bollente per 10 secondi.

b) Tagliare la parte superiore dei pomodori. Usando un cucchiaino o un coltellino affilato, gratta via i semi e le parti interne.

c) Schiaccia le uova con l'Aioli (o la maionese, se la usi), sale, pepe e prezzemolo in una terrina.

d) Farcite i pomodori con il ripieno, pressandoli bene. Sostituisci i coperchi con un'angolazione sbarazzina sui pomodorini.

e) Riempire i pomodori fino in cima, premendo con forza fino a quando non saranno livellati. Conservare in frigorifero per 1 ora prima di tagliare ad anelli utilizzando un coltello affilato.

f) Guarnire con prezzemolo.

3. Frittelle di baccalà con salsa aioli

Serve 6

Ingredienti :

- 1 libbra di baccalà , ammollato
- 3 1/2 once di pangrattato bianco essiccato
- 1/4 libbra di patate farinose
- Olio d'oliva, per fritture poco profonde
- 1/4 tazze di latte
- Spicchi di limone e foglie di insalata, per servire
- 6 cipollotti tritati finemente
- Salsa aioli

Indicazioni :

a) In una pentola con acqua bollente leggermente salata, fate cuocere le patate, con la buccia, per circa 20 minuti, o finché saranno tenere. Drenare.

b) Sbucciare le patate non appena saranno abbastanza fredde da poter essere maneggiate, quindi schiacciarle con una forchetta o con lo schiacciapatate.

c) In una casseruola unire il latte, metà dei cipollotti e portare a ebollizione. Aggiungere il merluzzo ammollato e bollirlo per 10-15 minuti o finché non si sfalda facilmente. Togliere il merluzzo dalla padella e sfaldarlo in una ciotola con una forchetta, eliminando le lische e la pelle.

d) Aggiungete 4 cucchiai di purè di patate al baccalà e mescolate con un cucchiaio di legno.

e) Lavorare con l'olio d'oliva, quindi aggiungere gradualmente la rimanente purea di patate. Unisci i restanti cipollotti e il prezzemolo in una terrina.

f) A piacere, condire con succo di limone e pepe.

g) In una ciotola separata, sbatti un uovo fino a quando non sarà ben amalgamato, quindi lascialo raffreddare fino a renderlo solido.

h) Con il composto di pesce freddo formare 12-18 palline, quindi appiattirle delicatamente in piccole tortine rotonde.

i) Ognuno va prima infarinato, poi passato nel restante uovo sbattuto e rifinito con il pangrattato secco.

j) Conservare in frigorifero fino al momento di friggere.

k) In una padella larga e pesante, scaldare circa 3/4 di pollice di olio. Cuocere le frittelle per circa 4 minuti a fuoco medio-alto.

l) Girateli e cuoceteli per altri 4 minuti, o fino a quando saranno croccanti e dorati sull'altro lato.

m) Scolare su carta assorbente prima di servire con aioli, spicchi di limone e foglie di insalata.

4. Crocchette di gamberi

Fa circa 36 unità

Ingredienti :

- 3 1/2 once di burro
- 4 once di farina semplice
- 1 1/4 pinte di latte freddo
- Sale e pepe
- 14 once di gamberi cotti sgusciati, tagliati a dadini
- 2 cucchiaini di passata di pomodoro
- 5 o 6 cucchiai di pangrattato fine
- 2 uova grandi, sbattute
- Olio d'oliva per friggere

Indicazioni :

a) In una casseruola media, sciogliere il burro e aggiungere la farina, mescolando continuamente.

b) Versare a filo il latte freddo, mescolando continuamente, fino ad ottenere una salsa densa e liscia.

c) Aggiungere i gamberi, condire generosamente con sale e pepe, quindi incorporare il concentrato di pomodoro. Cuocere per altri 7-8 minuti.

d) Prendi un cucchiaio scarso di **ingredienti** e arrotolalo in una crocchetta cilindrica da 1 1/2 - 2 pollici.

e) Passate le crocchette nel pangrattato, poi nell'uovo sbattuto e infine nel pangrattato.

f) In una padella grande e dal fondo spesso, scalda l'olio per friggere finché non raggiunge i 180 °C o finché un cubetto di pane diventa dorato in 20-30 secondi.

g) Friggere per circa 5 minuti in gruppi di non più di 3 o 4 fino a doratura.

h) Aiutandovi con una schiumarola, togliete il pollo, fatelo scolare su carta da cucina e servite subito.

5. Cris patate speziate

Serve: 4

Ingredienti :

- 3 cucchiai di olio d'oliva
- 4 patate color ruggine, sbucciate e tagliate a cubetti
- 2 cucchiai di cipolla tritata
- 2 spicchi d'aglio, tritati
- Sale e pepe nero appena macinato
- 1 1/2 cucchiaio di paprika spagnola
- 1/4 cucchiaino di salsa Tabasco
- 1/4 cucchiaino di timo macinato
- 1/2 tazza di ketchup
- 1/2 tazza di maionese
- Prezzemolo tritato, per guarnire
- 1 tazza di olio d'oliva, per friggere

Indicazioni :

La salsa brava:

a) Scaldare 3 cucchiai di olio d'oliva in una casseruola a fuoco medio. Soffriggere la cipolla e l'aglio finché la cipolla non sarà ammorbidita.

b) Togliere la padella dal fuoco e mantecare con la paprika, la salsa Tabasco e il timo.

c) In una terrina, unire il ketchup e la maionese.

d) A piacere, condire con sale e pepe. Rimuovi dall'equazione.

Le patate:

e) Condire leggermente le patate con sale e pepe nero.

f) Friggere le patate in 1 tazza (8 once fluide) di olio d'oliva in una padella larga fino a doratura e cotte, mescolando di tanto in tanto.

g) Scolate le patate su carta assorbente, assaggiatele e aggiustate di sale se necessario.

h) Per mantenere le patate croccanti, unirle alla salsa subito prima di servire.

i) Servire caldo, guarnito con prezzemolo tritato.

6. S gamberetti gambas

Serve 6

Ingredienti :

- 1/2 tazza di olio d'oliva
- Succo di 1 limone
- 2 cucchiaini di sale marino
- 24 gamberi medio-grandi , nel guscio con la testa intatta

Indicazioni :

a) In una ciotola, unire l'olio d'oliva, il succo di limone e il sale e sbattere fino a ottenere un composto ben amalgamato. Per ricoprire leggermente i gamberi, immergeteli nel composto per qualche secondo.

b) In una padella asciutta, scaldare l'olio a fuoco alto. Lavorando a porzioni, aggiungere i gamberi in un unico strato senza affollare la padella quando è molto calda. 1 minuto di rosolatura

c) Ridurre il fuoco a medio e cuocere per un altro minuto. Aumenta la fiamma al massimo e scotta i gamberi per altri 2 minuti o fino a doratura.

d) Tenete i gamberetti al caldo nel forno basso su una placca da forno.

e) Cuocere allo stesso modo i restanti gamberetti.

7. Vinaigrette di cozze

Porzioni: per 30 tapas

Ingredienti :

- 2 1/2 dozzina di cozze, lavate e rimosse la barba Lattuga tagliuzzata
- 2 cucchiai di cipolla verde tritata
- 2 cucchiai di pepe verde tritato
- 2 cucchiai di peperoncino rosso tritato
- 1 cucchiaio di prezzemolo tritato
- 4 cucchiai di olio d'oliva
- 2 cucchiai di aceto o succo di limone
- Un pizzico di salsa di peperoni rossi
- Sale a piacere

Indicazioni :

a) Aprire le cozze al vapore.

b) Metterli in una grande pentola piena d'acqua. Coprite e fate cuocere a fuoco vivace, mescolando di tanto in tanto, finché i gusci non si saranno aperti. Togliete le cozze dal fuoco e scartate quelle che non si aprono.

c) Le cozze possono anche essere riscaldate nel microonde per aprirle. Mettili nel microonde per un minuto alla massima potenza in una ciotola adatta al microonde, parzialmente coperta.

d) Mettilo nel microonde per un altro minuto dopo aver mescolato. Togliere eventuali cozze che si sono aperte e cuocerle per un altro minuto nel microonde. Rimuovi quelli che sono aperti ancora una volta.

e) Rimuovere ed eliminare i gusci vuoti una volta che sono abbastanza freddi da poter essere maneggiati.

f) Su un vassoio da portata, adagiate le cozze su un letto di lattuga grattugiata poco prima di servire.

g) Unisci la cipolla, i peperoni verdi e rossi, il prezzemolo, l'olio e l'aceto in un piatto.

h) Salsa di sale e peperoncino a piacere. Riempire per metà i gusci delle cozze con il composto.

8. Peperoni ripieni di riso

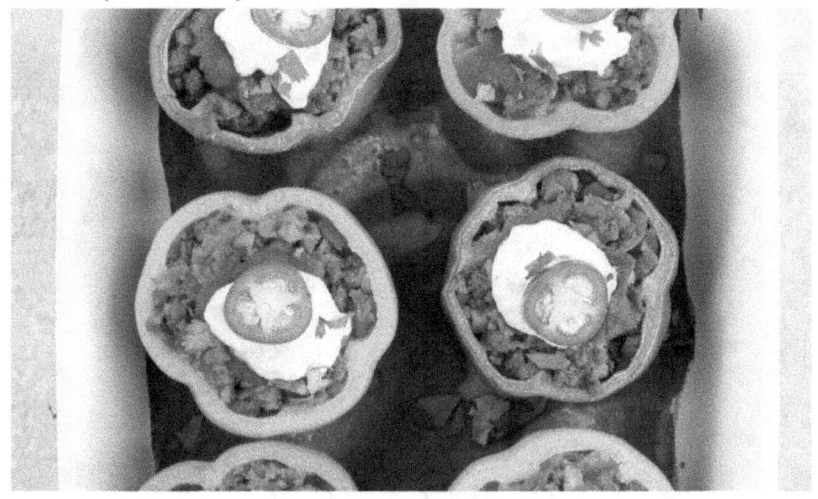

Porzioni: 4

Ingredienti :

- 1 libbra e 2 once di riso spagnolo a grana corta, come Bomba o Calasparra
- 2-3 cucchiai di olio d'oliva
- 4 peperoni rossi grandi
- 1 peperoncino rosso piccolo, tritato
- 1/2 cipolla, tritata
- 1/2 pomodoro, sbucciato e tritato
- 5 once di carne di maiale tritata/tritata o 3 once di baccalà
- Zafferano
- Prezzemolo fresco tritato
- Sale

Indicazioni :

a) Raschiare le membrane interne con un cucchiaino dopo aver tagliato le estremità del gambo dei peperoni e conservarle come coperchi da reinserire successivamente.

b) Scaldate l'olio e fate rosolare dolcemente il peperoncino fino a renderlo morbido.

c) Soffriggere la cipolla finché sarà tenera, quindi aggiungere la carne e farla rosolare leggermente, aggiungendo dopo qualche minuto il pomodoro, quindi aggiungere il peperone cotto, il riso crudo, lo zafferano e il prezzemolo. Condire con sale a piacere.

d) Riempire con cura i peperoni e disporli su un fianco su una pirofila, facendo attenzione a non far fuoriuscire il ripieno.

e) Cuocere la pirofila in forno caldo per circa 1 ora e mezza, coperta.

f) Il riso viene cotto nel liquido del pomodoro e del peperone.

9. Calamari al rosmarino e olio al peperoncino

Porzioni: 4

Ingredienti :

- Olio extravergine d'oliva
- 1 mazzetto di rosmarino fresco
- 2 peperoncini rossi interi, privati dei semi e tritati finemente 150 ml di panna liquida
- 3 tuorli d'uovo
- 2 cucchiai di parmigiano grattugiato
- 2 cucchiai di farina semplice
- Sale e pepe nero macinato fresco
- 1 spicchio d'aglio, sbucciato e schiacciato
- 1 cucchiaino di origano secco
- Olio vegetale per friggere
- 6 Calamari puliti e tagliati ad anelli
- Sale

Indicazioni :

a) Per preparare il condimento, scaldare l'olio d'oliva in un pentolino e aggiungere il rosmarino e il peperoncino. Rimuovi dall'equazione.

b) In una grande ciotola, sbatti insieme la panna, i tuorli d'uovo, il parmigiano, la farina, l'aglio e l'origano. Frullare fino a quando la pastella sarà liscia. Condire con pepe nero, appena macinato.

c) Preriscaldare l'olio a 200°C per friggere, o finché un cubetto di pane non sarà dorato in 30 secondi.

d) Immergere gli anelli di calamaro, uno alla volta, nella pastella e adagiarli con cura nell'olio. Cuocere fino a doratura, circa 2-3 minuti.

e) Scolatele su carta da cucina e servitele subito con il condimento versato sopra. Se necessario aggiustare di sale.

10. Insalata Di Tortellini

Porzioni: 8

Ingredienti :

- 1 confezione di tortellini tricolori al formaggio
- ½ tazza di peperoni a dadini
- ¼ tazza di scalogno affettato
- 1 peperone verde a dadini
- 1 tazza di pomodorini tagliati a metà
- 1¼ tazza di olive Kalamata affettate
- ¾ tazza di cuori di carciofo marinati tritati 6 oz. mozzarella a dadini 1/3 tazza di condimento italiano

Indicazioni :

a) Cuocere i tortellini secondo le **indicazioni riportate sulla confezione** , quindi scolarli.

b) Mescolare i tortellini con gli altri **ingredienti** , escluso il condimento, in una ciotola capiente.

c) Versare il condimento sopra.

d) Mettere da parte per 2 ore a raffreddare.

11. Insalata Di Pasta Caprese

Porzioni: 8

Ingredienti :

- 2 tazze di penne cotte
- 1 tazza di pesto
- 2 pomodori tagliati
- 1 tazza di mozzarella a dadini
- Sale e pepe a piacere
- 1/8 cucchiaini di origano
- 2 cucchiaini di aceto di vino rosso

Indicazioni :

a) Cuocere la pasta secondo le **indicazioni sulla confezione** , che dovrebbe durare circa 12 minuti. Drenare.

b) In una grande ciotola, unisci la pasta, il pesto, i pomodori e il formaggio; condire con sale, pepe e origano.

c) Versare sopra l'aceto di vino rosso.

d) Mettere da parte per 1 ora in frigorifero.

12. Bruschette al balsamico

Porzioni: 8

Ingredienti :

- 1 tazza di pomodorini Roma privati dei semi e tagliati a cubetti
- ¼ tazza di basilico tritato
- ½ tazza di pecorino grattugiato
- 1 spicchio d'aglio tritato
- 1 cucchiaio di aceto balsamico
- 1 cucchiaino di olio d'oliva
- Sale e pepe a piacere – attenzione, perché il formaggio è un po' salato di per sé.
- 1 pagnotta di pane francese a fette
- 3 cucchiai di olio d'oliva
- ¼ cucchiaini di aglio in polvere
- ¼ cucchiaini di basilico

Indicazioni :

a) In una terrina, unire i pomodori, il basilico, il pecorino e l'aglio.

b) In una piccola ciotola, sbatti insieme l'aceto e 1 cucchiaio di olio d'oliva; mettere da parte. c) Condire le fette di pane con olio d'oliva, aglio in polvere e basilico.

c) Mettere su una teglia e tostare per 5 minuti a 350 gradi.

d) Sfornare. Quindi aggiungere sopra il composto di pomodoro e formaggio.

e) Se necessario aggiustare di sale e pepe.

f) Servire subito.

13. Palline di pizza

Porzioni: 10

Ingredienti :

- 1 libbra di salsiccia macinata sbriciolata
- 2 tazze di miscela Bisquick
- 1 cipolla tritata
- 3 spicchi d'aglio tritati
- ¾ cucchiaini di condimento italiano
- 2 tazze di mozzarella grattugiata
- 1 tazza e ½ di salsa per pizza - divisa
- ¼ tazza di parmigiano

Indicazioni :

a) Preriscaldare il forno a 400 gradi Fahrenheit.

b) Preparare una teglia spruzzandola con spray da cucina antiaderente.

c) Mescolare insieme la salsiccia, il mix Bisquick, la cipolla, l'aglio, il condimento italiano, la mozzarella e 12 tazze di salsa per pizza in una ciotola.

d) Successivamente aggiungere acqua quanto basta per renderlo lavorabile.

e) Arrotolare l'impasto in palline da 1 pollice.

f) Cospargere il parmigiano sulle palline di pizza.

g) Dopodiché disponete le palline sulla teglia che avete preparato.

h) Preriscaldare il forno a 350 ° F e cuocere per 20 minuti.

i) Servire con la restante salsa per pizza a parte per intingere.

14. Bocconcini di capesante e prosciutto

Porzioni: 8

Ingredienti :

- ½ tazza di prosciutto tagliato a fettine sottili
- 3 cucchiai di crema di formaggio
- 1 libbra di capesante
- 3 cucchiai di olio d'oliva
- 3 spicchi d'aglio tritati
- 3 cucchiai di parmigiano
- Sale e pepe a piacere – attenzione, perché il prosciutto sarà salato

Indicazioni :

a) Applicare un piccolo strato di crema di formaggio su ogni fetta di prosciutto.

b) Avvolgete quindi una fetta di prosciutto attorno ad ogni capesante e fissatela con uno stuzzicadenti.

c) In una padella, scaldare l'olio d'oliva.

d) Cuocere l'aglio per 2 minuti in una padella.

e) Aggiungete le capesante avvolte nella pellicola e cuocetele per 2 minuti per lato.

f) Spalmate sopra il parmigiano.

g) Aggiungi sale e pepe a piacere se lo desideri.

h) Strizzare il liquido in eccesso con un tovagliolo di carta.

15. Melanzane al miele

Porzioni : 2

Ingredienti :

- 3 cucchiai di miele
- 3 melanzane
- 2 tazze di latte
- 1 cucchiaio di sale
- 1 cucchiaio di pepe
- 100 g di farina
- 4 cucchiai di olio d'oliva

Indicazioni :

a) Affettate sottilmente le melanzane.

b) In un piatto di miscelazione, unire le melanzane. Versate nella bacinella il latte sufficiente a coprire completamente le melanzane. Condire con un pizzico di sale.

c) Lasciare in ammollo per almeno un'ora.

d) Togliete le melanzane dal latte e mettetele da parte. Usando la farina, ricopri ogni fetta. Ricoprire con una miscela di sale e pepe.

e) In una padella, scaldare l'olio d'oliva. Friggete le fette di melanzane a 180°C.

f) Metti le melanzane fritte su carta assorbente per assorbire l'olio in eccesso.

g) Irrorare le melanzane con il miele.

h) Servire.

16. Salsiccia cotta nel sidro

Porzioni : 3

Ingredienti :

- 2 tazze di sidro di mele
- 8 salsicce chorizo
- 1 cucchiaio di olio d'oliva

Indicazioni :

a) Tagliare il chorizo a fettine sottili.

b) In una padella, scaldare l'olio. Preriscaldare il forno a temperatura media.

c) Aggiungi il chorizo. Friggere finché il colore del cibo non cambia.

d) Versare il sidro. Cuocere per 10 minuti, o finché la salsa non si sarà un po' addensata.

e) Con questo piatto dovrebbe essere servito il pane.

f) Godere!!!

17. Bocconcini di pasta di pollo italiana

Porzioni : 8 pacchetti

Ingrediente

- 1 lattina Crescent Rolls (8 rotoli)
- 1 tazza Pollo tritato e cotto
- 1 cucchiaio Salsa per gli spaghetti
- $\frac{1}{2}$ cucchiaino Aglio tritato
- 1 cucchiaio Formaggio mozzarella

Indicazioni :

a) Preriscaldare il forno a 350 gradi Fahrenheit. Unisci il pollo, la salsa e l'aglio in una padella e cuoci fino a quando non saranno completamente riscaldati.

b) Triangoli realizzati da rotoli a mezzaluna separati. Distribuire il composto di pollo al centro di ogni triangolo.

c) Se lo si desidera, distribuire il formaggio in modo simile.

d) Unisci insieme i lati del rotolo e avvolgilo attorno al pollo.

e) Su una pietra refrattaria, cuocere per 15 minuti o fino a doratura.

18. Spiedini di manzo spagnoli

Porzioni : 4 porzioni

Ingrediente

- ½ tazza succo d'arancia
- ¼ di tazza Succo di pomodoro
- 2 cucchiaini Olio d'oliva
- 1½ cucchiaino Succo di limone
- 1 cucchiaino Or egano , essiccato
- ½ cucchiaino Paprica
- ½ cucchiaino Cumino, macinato
- ¼ cucchiaino Sale
- ¼ cucchiaino Pepe, nero
- 10 once Manzo magro disossato; tagliare a cubetti da 2 pollici
- 1 medio Cipolla rossa; tagliare in 8 spicchi
- 8 ciascuno Pomodorini

Indicazioni :

a) Per preparare la marinata, unisci il succo d'arancia e di pomodoro, l'olio, il succo di limone, l'origano, la paprika, il cumino, il sale e il pepe in un sacchetto di plastica sigillabile da un gallone.

b) Aggiungere i cubetti di carne; sigillare il sacchetto, facendo uscire l'aria; girare per ricoprire la carne.

c) Conservare in frigorifero per almeno 2 ore o durante la notte, rigirando la busta di tanto in tanto. Usando uno spray da cucina antiaderente, rivestire la griglia.

d) Posizionare la griglia a 5 pollici di distanza dai carboni. Seguire le istruzioni del produttore per grigliare.

e) Scolare la bistecca e mettere da parte la marinata.

f) Usando 4 spiedini di metallo o di bambù imbevuti, infilare quantità uguali di manzo, cipolla e pomodori.

g) Grigliare gli spiedini per 15-20 minuti o finché non sono cotti secondo i propri gusti, ruotandoli e spennellandoli spesso con la marinata riservata.

19. Mix croccante di popcorn italiani

Porzioni : 10 porzioni

Ingrediente

- 10 tazze Popcorn scoppiato; 3,5 once, la borsa per microonde è questa quantità
- 3 tazze Snack di mais a forma di tromba
- $\frac{1}{4}$ di tazza Margarina o burro
- 1 cucchiaino condimento italiano
- $\frac{1}{2}$ cucchiaino Polvere d'aglio
- ⅓ tazza formaggio Parmigiano

Indicazioni :

a) In una grande ciotola per microonde, unisci i popcorn e lo snack di mais. In una misura micro-safe da 1 tazza, unire gli **ingredienti rimanenti** , tranne il formaggio.

b) Metti nel microonde per 1 minuto su ALTA o finché la margarina non si scioglie; mescolata. Versare sopra il composto di popcorn.

c) Mescola finché tutto è uniformemente ricoperto. Forno a microonde, scoperto, per 2-4 minuti, fino a tostarlo, mescolando ogni minuto. Sopra si dovrebbe cospargere il parmigiano.

d) Servire caldo.

20. Arancini

Ne fa 18

ingredienti

- 2 cucchiai di olio d'oliva
- 15 g di burro non salato
- 1 cipolla, tritata finemente
- 1 spicchio d'aglio grande, schiacciato
- 350 g di riso per risotti
- 150 ml di vino bianco secco
- 1,2 l di brodo caldo di pollo o vegetale
- 150 g di parmigiano, grattugiato finemente
- 1 limone, finemente scorza
- 150 g di mozzarella, tagliata in 18 pezzetti
- olio vegetale, per friggere

Per il rivestimento

- 150 g di farina 00
- 3 uova grandi, leggermente sbattute

- 150 g di pangrattato fine essiccato

Indicazioni :

a) In una casseruola, scaldare l'olio e il burro fino a renderli schiumosi. Aggiungere la cipolla e un pizzico di sale e cuocere per 15 minuti, o fino a quando saranno morbide e traslucide, a fuoco basso.

b) Cuocere per un altro minuto dopo aver aggiunto l'aglio.

c) Aggiungete il riso e lasciate cuocere per un altro minuto prima di aggiungere il vino. Portare a ebollizione il liquido e cuocerlo finché non si sarà ridotto della metà.

d) Versare metà del brodo e continuare a mescolare finché la maggior parte del liquido non sarà stata assorbita.

e) Man mano che il riso assorbe il liquido, aggiungete il brodo rimanente un mestolo alla volta, mescolando continuamente, fino a quando il riso sarà cotto.

f) Aggiungere il parmigiano e la scorza di limone e condire con sale e pepe a piacere. Mettete il risotto in un vassoio con bordo e lasciatelo raffreddare a temperatura ambiente.

g) Dividete il risotto freddo in 18 parti uguali, ciascuna delle dimensioni di una pallina da golf.

h) Nel palmo della mano appiattire una pallina di risotto e posizionare al centro un pezzetto di mozzarella, quindi avvolgere il formaggio nel riso e formare una pallina.

i) Procedere allo stesso modo con le rimanenti palline di risotto.

j) In tre piatti poco profondi, unisci la farina, le uova e il pangrattato. Ogni pallina di risotto va prima infarinata, poi passata nelle uova e infine nel pangrattato. Disporre su un piatto e mettere via.

k) Riempire a metà una pentola grande dal fondo spesso con olio vegetale e scaldare a fuoco medio-basso finché il termometro da cucina non segna 170°C o finché un pezzo di pane non diventa dorato in 45 secondi.

l) A porzioni, immergere le palline di risotto nell'olio e friggerle per 8-10 minuti, o fino a quando saranno dorate e sciolte al centro.

m) Disporre su un vassoio rivestito con un canovaccio pulito e mettere da parte.

n) Servite gli arancini tiepidi o con una semplice salsa di pomodoro in cui intingerli.

21. Manchego Con Conserva Di Arancia

ingredienti

Fa circa 4 tazze

- 1 testa d'aglio
- 1 tazza e 1/2 di olio d'oliva, più una quantità per condire
- Sale kosher
- 1 Siviglia o arancia navel
- 1/4 tazza di zucchero
- 1 libbra di formaggio Manchego giovane, tagliato a pezzi da 3/4 di pollice
- 1 cucchiaio di rosmarino tritato finemente
- 1 cucchiaio di timo tritato finemente
- Baguette tostata

Indicazioni :

a) Preriscaldare il forno a 350 gradi Fahrenheit. un quarto di pollice "Togliete la sommità del bulbo d'aglio e adagiatelo su un pezzo di carta stagnola. Salate e irrorate con olio.

b) Avvolgere saldamente nella carta stagnola e cuocere in forno per 35-40 minuti, o fino a quando la pelle diventa dorata e i chiodi di garofano morbidi. Lasciare raffreddare. Spremi i chiodi di garofano in una grande bacinella.

c) Allo stesso tempo, tagliare 1/4 ". Rimuovere la parte superiore e inferiore dell'arancia e tagliarla in quattro nel senso della lunghezza. Rimuovere la polpa da ogni quarto della buccia in un unico pezzo, escludendo la parte bianca (conservare le bucce).

d) Tenete da parte in una bacinella il succo spremuto della carne.

e) Tagliare la buccia in pezzi da un quarto di pollice e metterla in una piccola casseruola con abbastanza acqua fredda da coprire di un pollice. Portare a ebollizione, quindi scolare; fatelo altre due volte per eliminare l'amarezza.

f) In una casseruola, unire le bucce d'arancia, lo zucchero, il succo d'arancia messo da parte e 1/2 tazza d'acqua.

g) Portare ad ebollizione; ridurre la fiamma al minimo e cuocere a fuoco lento, mescolando regolarmente, per 20-30 minuti o fino a quando le bucce saranno tenere e il liquido sciropposo. Lasciare raffreddare la confettura di arancia.

h) Mescolare insieme la confettura di arancia, il manchego, il rosmarino, il timo e le rimanenti 1 tazza e 1/2 di olio nella ciotola con l'aglio. Conservare in frigorifero per almeno 12 ore dopo la copertura.

i) Prima di servire con il pane tostato, portare il Manchego marinato a temperatura ambiente.

22. Nacho italiani

Porzioni: 1

ingredienti

Salsa Alfredo

- 1 tazza metà e metà
- 1 tazza di panna pesante
- 2 cucchiai di burro non salato
- 2 spicchi d'aglio tritati
- 1/2 tazza di parmigiano
- Sale e pepe
- 2 cucchiai di farina

nachos

- Involucri di wonton tagliati a triangoli
- 1 Pollo cotto e sminuzzato
- Peperoni Saltati
- Formaggio mozzarella
- Olive
- Prezzemolo tritato
- Formaggio Parmigiano

- Olio per friggere arachidi o colza

Indicazioni :

a) Aggiungere il burro non salato in una casseruola e scioglierlo a fuoco medio.

b) Mescolare l'aglio finché tutto il burro non si sarà sciolto.

c) Aggiungete velocemente la farina e sbattete continuamente finché non sarà ben amalgamata e dorata.

d) In una terrina, unire la panna e metà e metà.

e) Portare a ebollizione, quindi ridurre a fuoco basso e cuocere per 8-10 minuti o fino a quando non si sarà addensato.

f) Condire con sale e pepe.

g) Wonton: scaldare l'olio in una padella grande a fuoco medio-alto, a circa 1/3 del livello.

h) Aggiungere i wonton uno alla volta e scaldare finché il fondo non sarà appena dorato, quindi capovolgere e cuocere l'altro lato.

i) Metti un tovagliolo di carta sullo scarico.

j) Preriscaldare il forno a 180°C e rivestire una teglia con carta da forno, seguita dai wonton.

k) Aggiungi la salsa Alfredo, il pollo, i peperoni e la mozzarella in cima.

l) Mettilo sotto la griglia del forno per 5-8 minuti o finché il formaggio non sarà completamente sciolto.

m) Sfornare e guarnire con olive, parmigiano e prezzemolo.

23. Pintxo di pollo

Porzioni 8

ingredienti

- 1,8 libbre di cosce di pollo senza pelle e disossate tagliate in pezzi da 1 pollice
- 1 cucchiaio di paprika affumicata spagnola
- 1 cucchiaino di origano secco
- 2 cucchiaini di cumino macinato
- 3/4 cucchiaino di sale marino
- 3 spicchi d'aglio tritati
- 3 cucchiai di prezzemolo tritato
- 1/4 tazza di olio extra vergine di oliva
- Salsa Chimichurri Rossa

Indicazioni :

a) In una grande bacinella, unisci tutti gli ingredienti e mescola accuratamente per ricoprire i pezzi di pollo. Lasciare marinare per una notte in frigorifero.

b) Immergere gli spiedini di bambù per 30 minuti in acqua. Usando gli spiedini, infilzare i pezzi di pollo.

c) Grigliare per 8-10 minuti o fino a completa cottura.

24. Involtini di manzo italiano

PORZIONI 4

ingredienti

- 1 cucchiaino di olio d'oliva
- 1/2 tazza di peperone verde, tagliato a strisce
- 1/2 tazza di cipolla, tagliata a strisce
- 1/2 peperoncino, tagliato a fettine sottili
- 1/2 cucchiaini di condimento italiano
- 8 fette di manzo italiano Deli, spesse 1/8".
- 8 bastoncini di formaggio a strisce

Indicazioni

a) In una padella media, scaldare l'olio a fuoco medio. Unisci l'olio d'oliva e i seguenti quattro ingredienti in una ciotola. Cuocere per 3-4 minuti o fino a quando saranno teneri e croccanti.

b) Mettete il composto su un piatto e lasciatelo raffreddare per 15 minuti.

c) Come assemblarlo: su un tagliere adagiare quattro fette di manzo italiano appiattite. Posizionare 1 bastoncino di formaggio a pasta filata al centro di ogni pezzo di carne, in modo incrociato.

d) Aggiungere sopra una parte del composto di peperoni e cipolle. Piegare un lato della fetta di manzo sul composto di formaggio e verdure, quindi avvolgerlo con la cucitura rivolta verso il basso.

e) Assemblare i roll-up su un piatto da portata.

25. Roll-up di peperoni italiani

Porzioni 35

ingredienti

- 5 tortillas di farina da 10 pollici (pomodori secchi con spinaci o farina bianca)
- 16 once di crema di formaggio ammorbidita
- 2 cucchiaini di aglio tritato
- 1/2 tazza di panna acida
- 1/2 tazza di parmigiano
- 1/2 tazza di formaggio grattugiato italiano o mozzarella
- 2 cucchiaini di condimento italiano
- 16 once di fette di peperoni
- 3/4 tazza di peperoni gialli e arancioni tritati finemente
- 1/2 tazza di funghi freschi tritati finemente

Indicazioni :

a) In una bacinella, sbattere la crema di formaggio fino a renderla liscia. Unisci l'aglio, la panna acida, i formaggi e il condimento italiano in una terrina. Mescolare fino a quando tutto sarà ben amalgamato.

b) Distribuire uniformemente il composto tra le 5 tortillas di farina. Coprire l'intera tortilla con il composto di formaggio.

c) Metti uno strato di peperoni sopra il composto di formaggio.

d) Sovrapponete i peperoni con i peperoni e i funghi tagliati grossolanamente.

e) Arrotolare bene ciascuna tortilla e avvolgerla nella pellicola trasparente.

f) Mettere da parte per almeno 2 ore in frigorifero.

PIATTO PRINCIPALE MEDITERRANEO

26. Riso italiano spagnolo

Porzioni : 6

Ingredienti :

- Lattina da 1 a 28 once di pomodori italiani tagliati a cubetti o schiacciati

- 3 tazze di qualsiasi tipo di riso bianco a grani lunghi cotto al vapore e confezionato

- 3 cucchiai di olio di colza o vegetale

- 1 peperone affettato e pulito

- 2 spicchi d'aglio fresco tritati

- 1/2 bicchiere di vino rosso o vegetale o brodo

- 2 cucchiai di prezzemolo fresco tritato

- 1/2 cucchiaino di origano secco e basilico secco

- sale, pepe, pepe di Cayenna a piacere

- Guarnizione: parmigiano grattugiato e formaggio misto romano

- Inoltre, puoi aggiungere eventuali avanzi cotti disossati: bistecca a cubetti, braciole di maiale a cubetti, pollo a cubetti o provare a utilizzare polpette tritate o salsiccia cotta italiana a fette.

- Verdure facoltative: zucchine a cubetti, funghi a fette, carote a scaglie, piselli o qualsiasi altro tipo di verdura preferiate.

Indicazioni :

a) Aggiungere l'olio d'oliva, i peperoni e l'aglio in una padella grande e cuocere per 1 minuto.

b) nella padella i pomodori tagliati a cubetti o schiacciati, il vino e gli altri ingredienti .

c) Cuocere a fuoco lento per 35 minuti o più se si aggiungono più verdure.

d) Se lo si utilizza, aggiungere la carne preparata e scaldarla nella salsa per circa 5 minuti prima di aggiungere il riso bianco cotto.

e) Inoltre, se utilizzata, la carne è già cotta e necessita solo di essere scaldata nel sugo.

f) Per servire, versare la salsa su un piatto da portata con il riso misto e guarnire con formaggio grattugiato e prezzemolo fresco.

27. Paella italiana

Serve: 4

ingredienti

- 2 cosce di pollo, con la pelle, rosolate
- 2 cosce di pollo, con la pelle, rosolate
- 3 grossi pezzi di salsiccia italiana, rosolati e poi tagliati a pezzetti da 1 pollice
- 1 peperone rosso e giallo, tagliato a listarelle e pre-arrostito
- 1 mazzetto di broccolini novelli, pre-bolliti
- 1 tazza e $\frac{1}{2}$ di riso, a chicco corto come carnaroli o arborio
- 4 tazze di brodo di pollo, riscaldato
- 1 tazza di purea di peperoni rossi arrostiti
- $\frac{1}{4}$ di bicchiere di vino bianco secco
- 1 cipolla media, tagliata a dadini grandi
- 4 grandi spicchi d'aglio, rasati
- parmigiano o romano grattugiato
- olio d'oliva

Indicazioni :

a) Iniziate facendo rosolare i pezzi di pollo in una padella per paella, ottenendo una bella crosticina su entrambi i lati e facendoli quasi cuocere ma non del tutto, quindi metteteli da parte.

b) Eliminare l'olio in eccesso dalla padella, quindi eliminare l'olio in eccesso dalle maglie della salsiccia.

c) In una padella capiente, irrorare l'olio d'oliva, quindi aggiungere l'aglio e la cipolla rasati e far rosolare fino a quando saranno morbidi e dorati.

d) Aggiungete il vino e lasciate sfumare per un minuto.

e) Unisci tutto il riso con metà della purea di peperoni rossi o poco più. Mescolare fino a coprirlo uniformemente, quindi premere il composto di riso sul fondo della padella.

f) Aggiungete al riso un po' di formaggio grattugiato, sale e pepe.

g) Disporre i pezzetti di salsiccia, insieme ai pezzi di pollo, attorno alla padella.

h) Disporre le verdure rimanenti attorno alla carne in modo creativo.

i) Mestolo con cura tutte e 4 le tazze di brodo caldo.

j) Utilizzando un pennello da cucina, spennellare la purea extra di peperoncino sopra il pollo per dargli più sapore, punteggiando un po' di più tutt'intorno se lo si desidera.

k) Cuocere a fuoco basso, coperto con pellicola, finché l'umidità non sarà evaporata.

l) Preriscalda il forno a 180 °C e cuoci con il coperchio per 15-20 minuti per garantire che la carne sia cotta.

m) Continuare a cuocere sul fuoco finché il riso non sarà tenero.

n) Il tempo totale dovrebbe essere di circa 45 minuti.

o) Mettilo da parte per qualche minuto a raffreddare.

p) Guarnire con basilico fresco e prezzemolo tritato.

28. Insalata di patate spagnola

Serve: 4

Ingredienti :

- 3 patate medie (16 once).
- 1 carota grande (3 once), tagliata a dadini
- 5 cucchiai di piselli verdi sgusciati
- 2/3 tazza (4 once) di fagiolini
- 1/2 cipolla media, tritata
- 1 peperone rosso piccolo, tritato
- 4 cetriolini da cocktail, a fette
- 2 cucchiai di capperi piccoli
- 12 olive ripiene di acciughe
- 1 uovo sodo, tagliato a fette sottili 2/3 di tazza di maionese
- 1 cucchiaio di succo di limone
- 1 cucchiaino di senape di Digione
- Pepe nero macinato fresco, a piacere Prezzemolo fresco tritato, per guarnire

Indicazioni :

a) Cuocere le patate e le carote in acqua leggermente salata in una pentola. Portare a ebollizione, quindi ridurre a fuoco basso e cuocere fino a quando saranno quasi teneri.

b) Aggiungere i piselli e i fagioli e cuocere a fuoco lento, mescolando di tanto in tanto, fino a quando tutte le verdure saranno morbide. Scolate le verdure e mettetele su un piatto per servire.

c) In una grande ciotola, unisci la cipolla, il pepe, i cetriolini, i capperi, le olive ripiene di acciughe e i pezzi di uovo.

d) Unisci completamente la maionese, il succo di limone e la senape in una ciotola separata. Versare il composto sul piatto da portata e mescolare bene per ricoprire tutti gli **ingredienti** . Condire con un pizzico di sale e pepe.

e) Conservare in frigorifero dopo aver guarnito con prezzemolo tritato.

f) Per esaltare il sapore dell'insalata, lasciarla riposare a temperatura ambiente per circa 1 ora prima di servire.

29. Carbonara spagnola

Serve: 2-3

ingredienti

- 1 chorizo piccolo tagliato a dadini
- 1 spicchio d'aglio tritato finemente
- 1 pomodoro piccolo tagliato a dadini
- 1 lattina di ceci
- condimenti secchi: sale, scaglie di peperoncino, origano, semi di finocchio, anice stellato
- pimenton (paprika) per le uova
- olio extravergine d'oliva
- 2 uova
- 4-6 once pasta
- formaggio italiano di buona qualità

Indicazioni :

a) In una piccola quantità di olio d'oliva, far rosolare l'aglio, il pomodoro e il chorizo per qualche minuto, quindi aggiungere i fagioli e i condimenti liquidi e secchi. Portare a ebollizione, quindi abbassare la fiamma al minimo finché il liquido non si sarà ridotto della metà.

b) Nel frattempo portate a bollore l'acqua della pasta e preparate le uova da versare nella padella con i ceci e nel forno già caldo. Per aggiungere quel gusto spagnolo, li cospargo con la miscela di spezie preparata e il peperoncino.

c) Adesso è il momento ideale per mettere la pasta nella pentola mentre la padella è nel forno e l'acqua bolle. Entrambi dovrebbero essere pronti nello stesso momento.

30. Polpette al sugo di pomodoro

Serve: 4

Ingredienti :

- 2 cucchiai di olio d'oliva
- 8 once di carne macinata
- 1 tazza (2 once) di pangrattato bianco fresco
- 2 cucchiai di formaggio Manchego o parmigiano grattugiato
- 1 cucchiaio di concentrato di pomodoro
- 3 spicchi d'aglio, tritati finemente
- 2 scalogni, tritati finemente
- 2 cucchiaini di timo fresco tritato
- 1/2 cucchiaino di curcuma
- Sale e pepe a piacere
- 2 tazze (16 once) di pomodorini in scatola, tritati
- 2 cucchiai di vino rosso
- 2 cucchiaini di foglie di basilico fresco tritate

- 2 cucchiaini di rosmarino fresco tritato

Indicazioni :

a) Unisci la carne di manzo, il pangrattato, il formaggio, il concentrato di pomodoro, l'aglio, lo scalogno, l'uovo, il timo, la curcuma, il sale e il pepe in una ciotola.

b) Formare con il composto 12-15 palline sode con le mani.

c) In una padella, scaldare l'olio d'oliva a fuoco medio-alto. Cuocere per diversi minuti, o fino a quando le polpette saranno dorate su tutti i lati.

d) In una grande ciotola, unisci i pomodori, il vino, il basilico e il rosmarino. Cuocere, mescolando di tanto in tanto, per circa 20 minuti, o fino a quando le polpette saranno cotte.

e) Salare e pepare generosamente, quindi servire con rapini sbollentati, spaghetti o pane.

31. zuppa di fagioli bianchi

Porzioni: 4

Ingredienti :

- 1 cipolla tritata
- 2 cucchiai di olio d'oliva
- 2 gambi di sedano tritati
- 3 spicchi d'aglio tritati
- 4 tazze di fagioli cannellini in scatola
- 4 tazze di brodo di pollo
- Sale e pepe a piacere
- 1 cucchiaino di rosmarino fresco
- 1 tazza di cimette di broccoli
- 1 cucchiaio di olio al tartufo
- 3 cucchiai di parmigiano grattugiato

Indicazioni :

a) In una padella grande, scaldare l'olio.

b) Cuocere il sedano e la cipolla per circa 5 minuti in una padella.

c) Aggiungere l'aglio e mescolare per unire. Cuocere per altri 30 secondi.

d) Aggiungi i fagioli, 2 tazze di brodo di pollo, il rosmarino, sale e pepe, così come i broccoli.

e) Portare il liquido a ebollizione e poi ridurre a fuoco basso per 20 minuti.

f) Frullare la zuppa con il frullatore a immersione fino a raggiungere la morbidezza desiderata.

g) Ridurre il fuoco al minimo e cospargere con l'olio al tartufo.

h) Versare la zuppa nei piatti e spolverizzare con parmigiano prima di servire.

32. zuppa di pesce

Porzioni: 8

Ingredienti :

- 32 once può pomodori a cubetti
- 2 cucchiai di olio d'oliva
- ¼ tazza di sedano tritato
- ½ tazza di brodo di pesce
- ½ bicchiere di vino bianco
- 1 tazza di succo piccante V8
- 1 peperone verde tritato
- 1 cipolla tritata
- 4 spicchi d'aglio tritati
- Salare il pepe a piacere
- 1 cucchiaino di condimento italiano
- 2 carote sbucciate e affettate
- 2 ½ libbra di tilapia tagliata
- ½ libbra di gamberi sgusciati e privati

Indicazioni :

a) Nella tua pentola capiente, scalda prima l'olio d'oliva.

b) Cuocere il peperone, la cipolla e il sedano per 5 minuti in una padella calda.

c) Successivamente, aggiungi l'aglio. Cuocere per 1 minuto dopo.

d) In una grande ciotola, unisci tutti gli ingredienti rimanenti tranne i frutti di mare.

e) Cuocere lo spezzatino per 40 minuti a fuoco basso.

f) Aggiungere la tilapia e i gamberetti e mescolare per unire.

g) Cuocere a fuoco lento per altri 5 minuti.

h) Assaggia e aggiusta il condimento prima di servire.

33. Pasta e Fagioli

Porzioni: 10

Ingredienti :

- 1 ½ libbra di carne macinata
- 2 cipolle tritate
- ½ cucchiaino di fiocchi di peperoncino
- 3 cucchiai di olio d'oliva
- 4 gambi di sedano tritati
- 2 spicchi d'aglio tritati
- 5 tazze di brodo di pollo
- 1 tazza di salsa di pomodoro
- 3 cucchiai di concentrato di pomodoro
- 2 cucchiaini di origano
- 1 cucchiaino di basilico
- Sale e pepe a piacere
- 1 15 once. fagioli cannellini in scatola
- 2 tazze di pasta italiana cotta piccola

Indicazioni :

a) In una pentola capiente, rosolare la carne per 5 minuti, o fino a quando non sarà più rosa. Rimuovi dall'equazione.

b) In una padella capiente, scaldare l'olio d'oliva e cuocere le cipolle, il sedano e l'aglio per 5 minuti.

c) Aggiungere il brodo, la salsa di pomodoro, il concentrato di pomodoro, sale, pepe, basilico e scaglie di peperoncino e mescolare per unire.

d) Metti il coperchio sulla pentola. La zuppa va poi lasciata cuocere per 1 ora.

e) Aggiungere la carne e cuocere per altri 15 minuti.

f) Aggiungere i fagioli e mescolare per unire. Successivamente, cuocere per 5 minuti a fuoco basso.

g) Incorporare la pasta cotta e cuocere per 3 minuti o fino a quando non sarà completamente riscaldata.

34. Zuppa Di Polpette E Tortellini

Porzioni: 6

Ingredienti :

- 2 cucchiai di olio d'oliva
- 1 cipolla a dadini
- 3 spicchi d'aglio tritati
- Sale e pepe a piacere
- 8 tazze di brodo di pollo
- 1 tazza e ½ di pomodori in scatola a cubetti
- 1 tazza di cavolo riccio tritato
- 1 tazza di piselli surgelati scongelati
- 1 cucchiaino di basilico tritato
- 1 cucchiaino di origano
- 1 foglia di alloro
- 1 libbra di polpette scongelate – di qualsiasi tipo
- 1 libbra di tortellini al formaggio fresco
- ¼ tazza di parmigiano grattugiato

Indicazioni :

a) In una pentola capiente, scaldare l'olio d'oliva e far rosolare la cipolla e l'aglio per 5 minuti.

b) In una pentola capiente, unire il brodo di pollo, i pomodori tritati, il cavolo riccio, i piselli, il basilico, l'origano, il sale, il pepe e la foglia di alloro.

c) Successivamente portare a ebollizione il liquido. Successivamente, cuocere per 5 minuti a fuoco basso.

d) Togliere la foglia di alloro e buttarla via.

e) Cuocere a fuoco lento per altri 5 minuti dopo aver aggiunto le polpette e i tortellini.

f) Ultimo ma non meno importante, servire in ciotole con sopra formaggio grattugiato.

35. Pollo al Marsala

Porzioni: 4

Ingredienti :

- ¼ tazza di farina
- Sale e pepe a piacere
- ½ cucchiaino di timo
- 4 petti di pollo disossati , pestati
- ¼ di tazza di burro
- ¼ tazza di olio d'oliva
- 2 spicchi d'aglio tritati
- 1 tazza e ½ di funghi a fette
- 1 cipolla piccola tagliata a dadini
- 1 tazza di marsala
- ¼ tazza metà e metà o panna

Indicazioni :

a) In una terrina, unire la farina, il sale, il pepe e il timo.

b) In una ciotola a parte, immergi i petti di pollo nel composto.

c) In una padella capiente, sciogliere il burro e l'olio.

d) Cuocere l'aglio per 3 minuti in una padella.

e) Aggiungete il pollo e cuocetelo per 4 minuti su ciascun lato.

f) In una padella unire i funghi, la cipolla e il marsala.

g) Cuocere il pollo per 10 minuti a fuoco basso.

h) Trasferisci il pollo su un piatto da portata.

i) Mescolare la metà e metà o la panna. Quindi, durante la cottura a fuoco alto per 3 minuti, mescolare continuamente.

j) Irrorare il pollo con la salsa.

36. Pollo Cheddar All'Aglio

Porzioni: 8

Ingredienti :

- ¼ di tazza di burro
- ¼ tazza di olio d'oliva
- ½ tazza di parmigiano grattugiato
- ½ tazza di pangrattato Panko
- ½ tazza di cracker Ritz tritati
- 3 spicchi d'aglio tritati
- 1 ¼ di formaggio cheddar piccante
- ¼ cucchiaini di condimento italiano
- Sale e pepe a piacere
- ¼ tazza di farina
- 8 petti di pollo

Indicazioni :

a) Preriscaldare il forno a 350 gradi Fahrenheit.

b) In una padella, sciogliere il burro e l'olio d'oliva e cuocere l'aglio per 5 minuti.

c) In una grande ciotola, unisci il pangrattato, i cracker spezzati, entrambi i formaggi, i condimenti, il sale e il pepe.

d) Immergere ogni pezzo di pollo nella miscela di burro e olio d'oliva il più rapidamente possibile.

e) Infarinare il pollo e infarinarlo.

f) Preriscalda il forno a 180 °C e ricopri il pollo con il composto di pangrattato.

g) Metti ogni pezzo di pollo in una teglia.

h) Versare sopra la miscela di burro/olio.

i) Preriscaldare il forno a 350 ° F e cuocere per 30 minuti.

j) Per renderla ancora più croccante, metterla sotto la griglia per 2 minuti.

37. Fettuccine Di Pollo Alfredo

Porzioni: 8

Ingredienti :

- 1 libbra di fettuccine
- 6 petti di pollo disossati e senza pelle, tagliati bene a cubetti ¾ di tazza di burro, diviso
- 5 spicchi d'aglio tritati
- 1 cucchiaino di timo
- 1 cucchiaino di origano
- 1 cipolla a dadini
- 1 tazza di funghi a fette
- ½ tazza di farina
- Sale e pepe a piacere
- 3 tazze di latte intero
- 1 tazza di panna
- ¼ tazza di formaggio groviera grattugiato
- ¾ tazza di parmigiano grattugiato

Indicazioni :

a) Preriscalda il forno a 180 °C e cuoci la pasta secondo le indicazioni sulla confezione , per circa 10 minuti.

b) In una padella, sciogli 2 cucchiai di burro e aggiungi i cubetti di pollo, l'aglio, il timo e l'origano, cuocendo a fuoco basso per 5 minuti o fino a quando il pollo non sarà più rosa. Rimuovi .

c) Nella stessa padella, sciogliere i restanti 4 cucchiai di burro e far rosolare la cipolla e i funghi.

d) Mescolare la farina, il sale e il pepe per 3 minuti.

e) Aggiungere la panna e il latte. Mescolare per altri 2 minuti.

f) Mescolare il formaggio per 3 minuti a fuoco basso.

g) Riporta il pollo nella padella e condisci a piacere.

h) Cuocere per 3 minuti a fuoco basso.

i) Versare la salsa sulla pasta.

38. Ziti con Salsiccia

Porzioni: 8

Ingredienti :

- 1 libbra di salsiccia italiana sbriciolata
- 1 tazza di funghi a fette
- ½ tazza di sedano a dadini
- 1 cipolla a dadini
- 3 spicchi d'aglio tritati
- 42 once salsa per spaghetti acquistata in negozio o fatta in casa
- Sale e pepe a piacere
- ½ cucchiaino di origano
- ½ cucchiaino di basilico
- 1 libbra di pasta ziti cruda
- 1 tazza di mozzarella grattugiata
- ½ tazza di parmigiano grattugiato
- 3 cucchiai di prezzemolo tritato

Indicazioni :

a) In una padella fate rosolare la salsiccia, i funghi, la cipolla e il sedano per 5 minuti.

b) Successivamente, aggiungi l'aglio. Cuocere per altri 3 minuti. Rimuovi dall'equazione.

c) Aggiungi la salsa per spaghetti, sale, pepe, origano e basilico in una padella separata.

d) Fai bollire la salsa per 15 minuti.

e) Preparare la pasta in padella secondo le **indicazioni sulla confezione** mentre il sugo cuoce. Drenare.

f) Preriscaldare il forno a 350 gradi Fahrenheit.

g) In una teglia mettere gli ziti, il composto di salsiccia e la mozzarella grattugiata in due strati.

h) Cospargete sopra prezzemolo e parmigiano.

i) Preriscaldare il forno a 350 ° F e cuocere per 25 minuti.

39. Salsiccia e Peperoni

Porzioni: 4

Ingredienti :

- 1 confezione di spaghetti
- 1 cucchiaio di olio d'oliva
- 4 salsicce italiane dolci tagliate a pezzetti
- 2 peperoni rossi tagliati a listarelle.
- 2 peperoni verdi tagliati a listarelle
- 2 peperoni arancioni tagliati a listarelle
- 3 spicchi d'aglio tritati
- 1 cucchiaino di condimento italiano
- Sale e pepe a piacere
- 3 cucchiai di olio d'oliva vergine
- 12 once pomodori a dadini in scatola
- 3 cucchiai di vino rosso
- 1/3 tazza di prezzemolo tritato
- 1/4 di tazza di formaggio Asiago grattugiato

Indicazioni :

a) Cuocere gli spaghetti secondo le indicazioni sulla confezione , che dovrebbero durare circa 5 minuti. Scolare b)In una padella, scaldare l'olio d'oliva e rosolare le salsicce per 5 minuti.

b) Disporre la salsiccia su un piatto da portata.

c) Aggiungi i peperoni, l'aglio, il condimento italiano, il sale e il pepe nella stessa padella.

d) Irrorare 3 cucchiai di olio d'oliva sui peperoni.

e) Aggiungete i pomodorini tagliati a dadini e il vino e mescolate per amalgamare.

f) Fate rosolare per un totale di 10 minuti.

g) Aggiustare il condimento condendo gli spaghetti con i peperoni.

h) Aggiungete sopra il prezzemolo e il formaggio Asiago.

40. Lasagne saporite

Porzioni: 4

Ingredienti :

- 1 ½ libbra di salsiccia italiana piccante sbriciolata
- 5 tazze di salsa per spaghetti acquistata in negozio
- 1 tazza di salsa di pomodoro
- 1 cucchiaino di condimento italiano
- ½ bicchiere di vino rosso
- 1 cucchiaio di zucchero
- 1 cucchiaio di olio
- 5 spicchi d'aglio tritato
- 1 cipolla a dadini
- 1 tazza di mozzarella grattugiata
- 1 tazza di provolone grattugiato
- 2 tazze di ricotta
- 1 tazza di ricotta
- 2 uova grandi

- ¼ tazza di latte
- 9 tagliatelle lasagne – parboil ed
- ¼ tazza di parmigiano grattugiato

Indicazioni :

a) Preriscalda il forno a 375 gradi Fahrenheit.

b) In una padella fate rosolare la salsiccia sbriciolata per 5 minuti. Qualsiasi grasso deve essere eliminato.

c) In una pentola capiente, unisci la salsa di pasta, la salsa di pomodoro, il condimento italiano, il vino rosso e lo zucchero e mescola accuratamente.

d) In una padella, scaldare l'olio d'oliva. Quindi, per 5 minuti, fate rosolare l'aglio e la cipolla.

e) Incorporate al sugo la salsiccia, l'aglio e la cipolla.

f) Successivamente coprite la pentola e lasciate cuocere a fuoco lento per 45 minuti.

g) In una ciotola unire la mozzarella e il provolone.

h) In una ciotola separata, unire la ricotta, la ricotta, le uova e il latte.

i) In una teglia da 9 x 13, versare 12 tazze di salsa sul fondo della teglia.

j) Ora disponete le tagliatelle, la salsa, la ricotta e la mozzarella nella teglia in tre strati.

k) Spalmate sopra il parmigiano.

l) Cuocere in una pirofila coperta per 30 minuti.

m) Cuocere per altri 15 minuti dopo aver scoperto la pirofila.

41. Cena a base di pesce Diavolo

Porzioni: 4

Ingredienti :

- 1 libbra. gamberetti grandi sgusciati e privati dei denti
- ½ libbra di capesante scottate
- 3 cucchiai di olio d'oliva
- ½ cucchiaino di fiocchi di peperoncino
- Sale a piacere
- 1 cipolla piccola affettata
- ½ cucchiaino di timo
- ½ cucchiaino di origano
- 2 filetti di acciughe schiacciati
- 2 cucchiai di concentrato di pomodoro
- 4 spicchi d'aglio tritati
- 1 bicchiere di vino bianco
- 1 cucchiaino di succo di limone
- 2 tazze e ½ di pomodori a cubetti
- 5 cucchiai di prezzemolo

Indicazioni :

a) In un piatto, unire i gamberi, le capesante, l'olio d'oliva, i fiocchi di peperoncino e il sale.

b) Preriscalda la padella a 350 ° F. Per 3 minuti, rosolare i frutti di mare in singoli strati. Questo è qualcosa che può essere fatto in gruppi.

c) Disporre i gamberi e le capesante su un piatto da portata.

d) Riscalda nuovamente la padella.

e) Per 2 minuti far rosolare la cipolla, le erbe aromatiche, i filetti di acciughe e il concentrato di pomodoro.

f) Unisci il vino, il succo di limone e i pomodori a cubetti in una ciotola.

g) Portare a ebollizione il liquido.

h) Impostare la temperatura a un livello basso. Cuocere per 15 minuti dopo.

i) Riporta i frutti di mare nella padella, insieme al prezzemolo.

j) Cuocere per 5 minuti a fuoco basso.

42. Linguine e Scampi

Porzioni: 6

Ingredienti :

- 1 confezione di linguine
- ¼ di tazza di burro
- 1 peperone rosso tritato
- 5 spicchi d'aglio tritati
- 45 gamberetti crudi grandi, sbucciati e privati dei denti, ½ tazza di vino bianco secco ¼ tazza di brodo di pollo
- 2 cucchiai di succo di limone
- ¼ tazza di burro
- 1 cucchiaini di fiocchi di peperoncino tritato
- ½ cucchiaino di zafferano
- ¼ di tazza di prezzemolo tritato
- Sale a piacere

Indicazioni :

a) Cuocere la pasta secondo le indicazioni sulla confezione , che dovrebbe durare circa 10 minuti.

b) Scolare l'acqua e metterla da parte.

c) In una padella capiente, sciogliere il burro.

d) Cuocere i peperoni e l'aglio in una padella per 5 minuti.

e) Aggiungete i gamberi e continuate a rosolare per altri 5 minuti.

f) Rimuovi i gamberetti su un piatto, ma conserva l'aglio e il pepe nella padella.

g) Portare a ebollizione il vino bianco, il brodo e il succo di limone.

h) Riporta i gamberetti nella padella con altre 14 tazze di meglio.

i) Aggiungere i fiocchi di peperoncino, lo zafferano e il prezzemolo e condire a piacere con sale.

j) Cuocere a fuoco lento per 5 minuti dopo aver condito con la pasta.

43. Gamberi con salsa di crema al pesto

Porzioni: 6

Ingredienti :

- 1 confezione di linguine
- 1 cucchiaio di olio d'oliva
- 1 cipolla tritata
- 1 tazza di funghi a fette
- 6 spicchi d'aglio tritati
- ½ tazza di burro
- Sale e pepe a piacere
- ½ cucchiaino di pepe di cayenna
- 1 3/4 tazze di Pecorino Romano grattugiato
- 3 cucchiai di farina
- ½ tazza di panna
- 1 tazza di pesto
- 1 libbra di gamberetti cotti, sbucciati e privati dei peli

Indicazioni :

a) Cuocere la pasta secondo le indicazioni sulla confezione , che dovrebbe durare circa 10 minuti. Drenare.

b) In una padella scaldare l'olio e cuocere la cipolla e i funghi per 5 minuti.

c) Cuocere per 1 minuto dopo aver aggiunto l'aglio e il burro.

d) In una padella, versare la panna e condire con sale, pepe e pepe di cayenna.

e) Cuocere a fuoco lento per altri 5 minuti.

f) Aggiungere il formaggio e mescolare per unire. Continuate a frullare finché il formaggio non si sarà sciolto.

g) Poi, per addensare la salsa, unire la farina.

h) Cuocere per 5 minuti con il pesto e i gamberetti.

i) Ricoprire la pasta con il sugo.

44. Zuppa di pesce e chorizo

Porzioni : 4

Ingredienti :

- 2 teste di pesce (usate per cucinare il brodo di pesce)
- 500 g di filetti di pesce , tagliati a pezzi
- 1 cipolla
- 1 spicchio d'aglio
- 1 bicchiere di vino bianco
- 2 cucchiai di olio d'oliva
- 1 manciata di prezzemolo (tritato)
- 2 tazze di brodo di pesce
- 1 manciata di origano (tritato)
- 1 cucchiaio di sale
- 1 cucchiaio di pepe
- 1 sedano
- 2 lattine di pomodori (pomodori)
- 2 peperoncini rossi
- 2 salsicce chorizo

- 1 cucchiaio di paprika
- 2 foglie di alloro

Indicazioni :

a) Pulite la testa del pesce. Le branchie dovrebbero essere rimosse. Condire con sale. Cuocere per 20 minuti a bassa temperatura. Rimuovi dall'equazione.

b) In una padella versare l'olio d'oliva. Unisci la cipolla, le foglie di alloro, l'aglio, il chorizo e la paprika in una grande ciotola. 7 minuti in forno

c) In una grande ciotola, unire i peperoncini rossi, i pomodori, il sedano, il pepe, il sale, l'origano, il brodo di pesce e il vino bianco.

d) Cuocere per un totale di 10 minuti.

e) Aggiungi il pesce. 4 minuti in forno

f) Usa il riso come contorno.

g) Aggiungere il prezzemolo come guarnizione.

45. Ratatouille spagnola

Porzioni : 4

Ingredienti :

- 1 peperone rosso (a dadini)
- 1 cipolla di media grandezza (a fettine o tritata)
- 1 spicchio d'aglio
- 1 Zucchina (tritata)
- 1 peperone verde (a dadini)
- 1 cucchiaio di sale
- 1 cucchiaio di pepe
- 1 lattina di pomodori (tritati)
- 3 cucchiai di olio d'oliva
- 1 spruzzata di vino bianco
- 1 manciata di prezzemolo fresco

Indicazioni :

a) In una padella versare l'olio d'oliva.

b) Aggiungi le cipolle. Lasciare 4 minuti di frittura a fuoco medio.

c) Aggiungi l'aglio e i peperoni. Lasciare cuocere altri 2 minuti.

d) Aggiungere le zucchine, i pomodori, il vino bianco e condire a piacere con sale e pepe.

e) Cuocere per 30 minuti o finché non sarà pronto.

f) Guarnire con prezzemolo, se lo si desidera.

g) Servire con riso o pane tostato come contorno.

h) Godere!!!

46. Stufato di fagioli e chorizo

Porzioni : 3

Ingredienti :

- 1 carota (a dadini)
- 3 cucchiai di olio d'oliva
- 1 cipolla di media grandezza
- 1 peperone rosso
- 400 g di fave secche
- 300 grammi di salsiccia chorizo
- 1 peperone verde
- 1 tazza di prezzemolo (tritato)
- 300 g di pomodorini (a dadini)
- 2 tazze di brodo di pollo
- 300 grammi di cosce di pollo (filetti)
- 6 spicchi d'aglio
- 1 patata media (a dadini)
- 2 cucchiai di timo
- 2 cucchiai di sale a piacere

- 1 cucchiaio di pepe

Indicazioni :

a) In una padella versare l'olio vegetale. Aggiungi la cipolla. Lasciare 2 minuti di frittura a fuoco medio.

b) In una grande ciotola, unisci l'aglio, la carota, i peperoni, il chorizo e le cosce di pollo. Lasciare 10 minuti per la cottura.

c) Aggiungere il timo, il brodo di pollo, i fagioli, le patate, i pomodori, il prezzemolo e condire a piacere con sale e pepe.

d) Cuocere per 30 minuti, o fino a quando i fagioli saranno teneri e lo spezzatino si sarà addensato.

47. Gazpacho

Porzioni : 6

Ingredienti :

- 2 libbre di pomodori maturi , tagliati
- 1 peperone rosso (a dadini)
- 2 spicchi d'aglio (macinato)
- 1 cucchiaio di sale
- 1 cucchiaio di pepe
- 1 cucchiaio di cumino (macinato)
- 1 tazza di cipolla rossa (tritata)
- 1 peperoncino Jalapeno di grandi dimensioni
- 1 tazza di olio d'oliva
- 1 lime 1 cetriolo di medie dimensioni
- 2 cucchiai di aceto
- 1 tazza di pomodoro (succo)
- 1 cucchiaio di salsa Worcestershire
- 2 cucchiai di basilico fresco (a fette)
- 2 fette di pane

Indicazioni :

a) In una terrina, unisci cetriolo, pomodori, peperoni, cipolla, aglio, jalapeño, sale e cumino. Mescolare tutto insieme completamente.

b) In un frullatore, unisci l'olio d'oliva, l'aceto, la salsa Worcestershire, il succo di lime, il succo di pomodoro e il pane. Frullare fino a quando il composto sarà completamente liscio.

c) Incorporate il composto frullato al composto originale utilizzando un colino.

d) Assicurati di combinare completamente tutto.

e) Versare metà del composto nel frullatore e frullarlo. Frullare fino a quando il composto sarà completamente liscio.

f) Riportare il composto misto al resto del composto. Mescolare tutto insieme completamente.

g) Conservare la ciotola in frigorifero per 2 ore dopo averla coperta.

h) Dopo 2 ore, togliere la ciotola. Condire il composto con sale e pepe. Cospargere il basilico sopra il piatto.

i) Servire.

48. Calamari e Riso

Porzioni : 4

Ingredienti :

- 6 once frutti di mare (a vostra scelta)
- 3 spicchi d'aglio
- 1 cipolla di media grandezza (a fette)
- 3 cucchiai di olio d'oliva
- 1 peperone verde (a fette)
- 1 cucchiaio di nero di seppia
- 1 mazzetto di prezzemolo
- 2 cucchiai di paprika
- Calamari da 550 grammi (puliti)
- 1 cucchiaio di sale
- 2 sedano (a dadini)
- 1 foglia di alloro fresca
- 2 pomodori di media grandezza (grattugiati)
- 300 g di riso calasparra
- Vino bianco da 125 ml

- 2 tazze di brodo di pesce
- 1 limone

Indicazioni :

a) In una padella versare l'olio d'oliva. Unisci la cipolla, l'alloro, il pepe e l'aglio in una terrina. Lasciare friggere per qualche minuto.

b) Aggiungi i calamari e i frutti di mare. Cuocere per qualche minuto, quindi rimuovere i calamari/frutti di mare.

c) In una grande ciotola, unisci la paprika, i pomodori, il sale, il sedano, il vino e il prezzemolo. Attendere 5 minuti affinché le verdure terminino la cottura.

d) Versare il riso sciacquato nella padella. Unisci il brodo di pesce e il nero di seppia in una ciotola.

e) Cuocere per un totale di 10 minuti. Unisci i frutti di mare e i calamari in una grande ciotola.

f) Cuocere per altri 5 minuti.

g) Servire con aioli o limone.

49. Spezzatino di coniglio al pomodoro

Porzioni : 5

Ingredienti :

- 1 coniglio intero , tagliato a pezzi
- 1 foglia di alloro
- 2 cipolle di grandi dimensioni
- 3 spicchi d'aglio
- 2 cucchiai di olio d'oliva
- 1 cucchiaio di paprika dolce
- 2 rametti di rosmarino fresco
- 1 lattina di pomodori
- 1 rametto di timo
- 1 bicchiere di vino bianco
- 1 cucchiaio di sale
- 1 cucchiaio di pepe

Indicazioni :

a) In una padella, scaldare l'olio d'oliva a fuoco medio-alto.

b) Preriscaldare l'olio e aggiungere i pezzi di coniglio. Friggere fino a quando i pezzi saranno uniformemente dorati.

c) Rimuovilo una volta terminato.

d) Aggiungi le cipolle e l'aglio nella stessa padella. Cuocere finché non sarà completamente morbido.

e) In una grande ciotola, unisci timo, paprika, rosmarino, sale, pepe, pomodori e alloro. Lasciare 5 minuti per la cottura.

f) Irrorare i bocconcini di coniglio con il vino. Cuocere, coperto, per 2 ore, o fino a quando i pezzi di coniglio saranno cotti e la salsa si sarà addensata.

g) Servire con patate fritte o pane tostato.

50. Gamberi Al Finocchio

Porzioni : 3

Ingredienti :

- 1 cucchiaio di sale
- 1 cucchiaio di pepe
- 2 spicchi d'aglio (a fette)
- 2 cucchiai di olio d'oliva
- 4 cucchiai di manzanilla sherry
- 1 bulbo di finocchio
- 1 manciata di gambi di prezzemolo
- 600 g di pomodorini
- 15 gamberoni di grandi dimensioni , sgusciati
- 1 bicchiere di vino bianco

Indicazioni :

a) In una pentola capiente, scaldare l'olio. Mettete gli spicchi d'aglio tagliati in una ciotola. Lasciare soffriggere fino a quando l'aglio sarà dorato.

b) Aggiungete al composto il finocchio e il prezzemolo. Cuocere per 10 minuti a fuoco basso.

c) In una grande ciotola, unisci i pomodori, il sale, il pepe, lo sherry e il vino. Portare a ebollizione per 7 minuti o fino a quando la salsa sarà densa.

d) Disporre sopra i gamberi sgusciati. Cuocere per 5 minuti, o fino a quando i gamberi saranno diventati rosa.

e) Decorare con una spolverata di foglioline di prezzemolo.

f) Servire con un contorno di pane.

DOLCE MEDITERRANEO

51. Panna Cotta Al Cioccolato

5 porzioni

Ingredienti :

- 500 ml di panna
- 10 g di gelatina
- 70 g di cioccolato nero
- 2 cucchiai di yogurt
- 3 cucchiai di zucchero
- un pizzico di sale

Indicazioni :

a) In una piccola quantità di panna, immergere la gelatina.

b) In un pentolino versare la restante panna. Portare a ebollizione lo zucchero e lo yogurt, mescolando di tanto in tanto, ma senza far bollire. Togliere la padella dal fuoco.

c) Incorporate il cioccolato e la gelatina fino a quando non saranno completamente sciolti.

d) Riempire gli stampini con l'impasto e lasciar riposare per 2-3 ore.

e) Per staccare la panna cotta dallo stampo, passatela qualche secondo sotto l'acqua calda prima di togliere il dolce.

f) Decorate a vostro piacimento e servite!

52. Galette di formaggio con salame

5 porzioni

Ingredienti :

- 130 g di burro
- 300 g di farina
- 1 cucchiaino di sale
- 1 uovo
- 80 ml di latte
- 1/2 cucchiaino di aceto
- Riempimento:
- 1 pomodoro
- 1 peperone dolce
- zucchine
- salame
- Mozzarella
- 1 cucchiaio di olio d'oliva
- erbe aromatiche (come timo, basilico, spinaci)

Indicazioni :

a) Taglia il burro a cubetti.

b) In una ciotola o padella unire l'olio, la farina e il sale e tritare con un coltello.

c) Aggiungi un uovo, un po 'di aceto e un po' di latte.

d) Inizia a impastare. Mettetela in frigorifero per mezz'ora dopo averla arrotolata in una palla e avvolta nella pellicola trasparente.

e) Tagliare tutti gli ingredienti del ripieno.

f) Disporre il ripieno al centro di un grande cerchio di pasta steso su carta da forno (esclusa la mozzarella).

g) Condire con olio d'oliva e condire con sale e pepe.

h) Quindi sollevare con attenzione i bordi dell'impasto, avvolgerli attorno alle sezioni sovrapposte e premerli leggermente.

i) Preriscaldare il forno a 200°C e cuocere per 35 minuti. Dieci minuti prima della fine della cottura aggiungete la mozzarella e continuate a cuocere.

j) Servire immediatamente!

53. Tiramisù

Porzioni: 6

Ingredienti :

- 4 tuorli d'uovo
- $\frac{1}{4}$ tazza di zucchero bianco
- 1 cucchiaio di estratto di vaniglia
- $\frac{1}{2}$ tazza di panna da montare
- 2 tazze di mascarpone
- 30 savoiardi
- 1 $\frac{1}{2}$ tazza di caffè preparato ghiacciato conservato in frigorifero
- $\frac{3}{4}$ tazza di liquore Frangelico
- 2 cucchiai di cacao in polvere non zuccherato

Indicazioni :

a) In una ciotola, sbatti insieme i tuorli, lo zucchero e l'estratto di vaniglia fino ad ottenere una crema.

b) Successivamente, sbatti la panna fino a quando non diventa soda.

c) Unire il mascarpone e la panna montata.

d) In una piccola ciotola, incorporare leggermente il mascarpone ai tuorli e lasciare da parte.

e) Unire il liquore al caffè freddo.

f) Immergere subito i savoiardi nella miscela di caffè. Se i savoiardi diventano troppo bagnati o umidi, diventeranno mollicci.

g) Appoggia metà dei savoiardi sul fondo di una teglia da 9x13 pollici.

h) Mettete sopra metà del composto di ripieno.

i) Metti sopra i rimanenti savoiardi.

j) Metti una copertura sul piatto. Successivamente, raffreddare per 1 ora.

k) Spolverare con cacao in polvere.

54. Torta cremosa alla ricotta

Porzioni: 6

Ingredienti :

- 1 crosta di torta acquistata in negozio
- 1 ½ libbra di ricotta
- ½ tazza di mascarpone
- 4 uova sbattute
- ½ tazza di zucchero bianco
- 1 cucchiaio di brandy

Indicazioni :

a) Preriscaldare il forno a 350 gradi Fahrenheit.

b) Unisci tutti gli ingredienti del ripieno in una ciotola. Versare poi il composto nella crosta.

c) Preriscaldare il forno a 350 ° F e cuocere per 45 minuti.

d) Refrigerare la torta per almeno 1 ora prima di servire.

55. Biscotti all'anice

Porzioni: 36

Ingredienti :

- 1 tazza di zucchero
- 1 tazza di burro
- 3 tazze di farina
- ½ tazza di latte
- 2 uova sbattute
- 1 cucchiaio di lievito in polvere
- 1 cucchiaio di estratto di mandorla
- 2 cucchiaini di liquore all'anice
- 1 tazza di zucchero a velo

Indicazioni :

a) Preriscalda il forno a 375 gradi Fahrenheit.

b) Sbattere insieme lo zucchero e il burro fino a ottenere un composto chiaro e soffice.

c) Incorporate gradualmente la farina, il latte, le uova, il lievito e l'estratto di mandorle.

d) Lavorare l'impasto finché non diventa appiccicoso.

e) Crea delle palline con pezzi di pasta lunghi 1 pollice.

f) Preriscaldare il forno a 180°C e ungere una teglia. Metti le palline sulla teglia.

g) Preriscalda il forno a 180°C e cuoci i biscotti per 8 minuti.

h) Unisci il liquore all'anice, lo zucchero a velo e 2 cucchiai di acqua calda in una terrina.

i) Infine, immergete i biscotti nella glassa mentre sono ancora caldi.

56. Panna cotta

Porzioni: 6

Ingredienti :

- ⅓ tazza di latte
- 1 pacchetto di gelatina non aromatizzata
- 2 ½ tazza di panna
- ¼ tazza di zucchero
- ¾ tazza di fragole a fette
- 3 cucchiai di zucchero di canna
- 3 cucchiai di brandy

Indicazioni :

a) Mescolare insieme il latte e la gelatina finché la gelatina non sarà completamente sciolta. Rimuovi dall'equazione.

b) In un pentolino portare a ebollizione la panna e lo zucchero.

c) Incorporare la miscela di gelatina nella panna e frullare per 1 minuto.

d) Dividere il composto in 5 stampini.

e) Metti la pellicola trasparente sugli stampini. Successivamente, lasciare raffreddare per 6 ore.

f) In una terrina, unisci le fragole, lo zucchero di canna e il brandy; raffreddare per almeno 1 ora.

g) Disporre le fragole sopra la panna cotta.

57. Flan al caramello

Porzioni : 4

Ingredienti :

- 1 cucchiaio di estratto di vaniglia
- 4 uova
- 2 lattine di latte (1 evaporato e 1 condensato zuccherato)
- 2 tazze da montare crema
- 8 cucchiai di zucchero

Indicazioni :

a) Preriscaldare il forno a 350 gradi Fahrenheit.

b) In una padella antiaderente, sciogliere lo zucchero a fuoco medio fino a doratura.

c) Versare lo zucchero liquefatto in una teglia mentre è ancora caldo.

d) In un piatto, rompere e sbattere le uova. Unisci il latte condensato, l'estratto di vaniglia, la panna e il latte zuccherato in una ciotola. Prepara una miscela accurata.

e) Versare l'impasto nella teglia ricoperta di zucchero fuso. Metti la padella in una padella più grande con 1 pollice di acqua bollente.

f) Cuocere per 60 minuti.

58. Crema Catalana

Porzioni : 3

Ingredienti :

- 4 tuorli d'uovo
- 1 cannella (bastoncino)
- 1 limone (scorza)
- 2 cucchiai di amido di mais
- 1 tazza di zucchero
- 2 tazze di latte
- 3 tazze di frutta fresca (bacche o fichi)

Indicazioni :

a) In una padella, sbatti insieme i tuorli d'uovo e una grande porzione di zucchero. Frullare fino ad ottenere un composto schiumoso e liscio.

b) Aggiungere la stecca di cannella con la scorza di limone. Prepara una miscela accurata.

c) Unire l'amido di mais e il latte. A fuoco basso, mescolare finché il composto non si addensa.

d) Togli la pentola dal forno. Lasciare raffreddare per qualche minuto.

e) Mettete il composto negli stampini e tenete da parte.

f) Mettere da parte per almeno 3 ore in frigorifero.

g) Al momento di servire, cospargere lo zucchero rimasto sugli stampini.

h) Posizionare gli stampini sul ripiano inferiore del bollitore. Lasciare sciogliere lo zucchero fino a quando non avrà assunto un colore marrone dorato.

i) Come guarnizione servire con la frutta.

59. Crema spagnola all'arancia e limone

Porzioni : 1 porzioni

Ingrediente

- 4½ cucchiaini Gelatina semplice
- ½ tazza succo d'arancia
- ¼ di tazza Succo di limone
- 2 tazze Latte
- 3 Uova, separate
- ⅔ tazza Zucchero
- Pizzico di sale
- 1 cucchiaio Buccia d'arancia grattugiata

Indicazioni :

a) Mescolare insieme la gelatina, il succo d'arancia e il succo di limone e lasciare da parte per 5 minuti.

b) Scaldate il latte e aggiungete i tuorli, lo zucchero, il sale e la scorza d'arancia.

c) Cuocere a bagnomaria finché non ricopre il dorso di un cucchiaio (su acqua calda, non bollente).

d) Successivamente aggiungere il composto di gelatina. Freddo.

e) Aggiungete al composto gli albumi montati a neve.

f) Conservare in frigorifero fino al set.

60. Melone ubriaco

Porzioni : da 4 a 6 porzioni

Ingrediente

- Per il piatto Una selezione da 3 a 6 formaggi spagnoli diversi
- 1 Vino di Porto in bottiglia
- 1 Melone privato della parte superiore e dei semi

Indicazioni :

a) Da uno a tre giorni prima della cena, versare il porto nel melone.

b) Raffreddare in frigorifero, coperto da pellicola trasparente e con il coperchio rimontato.

c) Togliere il melone dal frigorifero, togliere la pellicola e la copertura al momento di servire.

d) Togliete il porto dal melone e mettetelo in una ciotola.

e) Tagliare il melone a pezzetti dopo aver eliminato la buccia. Disporre i pezzi in quattro piatti refrigerati separati.

f) Servire come contorno con i formaggi.

61. Sorbetto alle mandorle

Porzioni : 1 porzione

Ingrediente

- 1 tazza Mandorle pelate; tostato
- 2 tazze Acqua di fonte
- ¾ tazza Zucchero
- 1 pizzico Cannella
- 6 cucchiai Sciroppo di mais dietetico
- 2 cucchiai Amaretto
- 1 cucchiaino Scorza di limone

Indicazioni :

a) In un robot da cucina, tritare le mandorle riducendole in polvere. In una pentola capiente, unire l'acqua, lo zucchero, lo sciroppo di mais, il liquore, la scorza e la cannella, quindi aggiungere le arachidi.

b) A fuoco medio, mescolare costantemente finché lo zucchero non si scioglie e la miscela bolle. 2 minuti a ebollizione

c) Mettere da parte a raffreddare. Utilizzando una gelatiera, mantecare il composto fino a quando non sarà semicongelato.

d) Se non avete la gelatiera, trasferite il composto in una ciotola di acciaio inox e fatelo congelare fino a quando sarà sodo, mescolando ogni 2 ore.

62. Torta di mele spagnola

Porzioni : 8 porzioni

Ingrediente

- $\frac{1}{4}$ libbre Burro
- $\frac{1}{2}$ tazza Zucchero
- 1 Tuorlo d'uovo
- 1 tazza e $\frac{1}{2}$ Farina setacciata
- 1 trattino Sale
- $\frac{1}{8}$ cucchiaino Lievito in polvere
- 1 tazza Latte
- $\frac{1}{2}$ Scorza di limone
- 3 Tuorli d'uovo
- $\frac{1}{4}$ di tazza Zucchero
- $\frac{1}{4}$ di tazza Farina
- 1 cucchiaio e mezzo Burro
- $\frac{1}{4}$ di tazza Zucchero
- 1 cucchiaio Succo di limone
- $\frac{1}{2}$ cucchiaino Cannella

- 4 Mele, sbucciate e affettate
- Mela; albicocca o qualsiasi gelatina a scelta

Indicazioni :

a) Preriscaldare il forno a 350 ° F. Unisci lo zucchero e il burro in una ciotola. Mescolare insieme gli ingredienti rimanenti finché non si forma una palla.

b) Stendere l'impasto in una teglia a cerniera o in una tortiera. Conservare in frigorifero fino al momento dell'uso.

c) Unisci il succo di limone, la cannella e lo zucchero in una ciotola. Aggiungete le mele e mescolate per ricoprire. Questo è qualcosa che può essere fatto in anticipo.

d) Aggiungere la scorza di limone al latte. Portare a ebollizione il latte, quindi ridurre a fuoco basso per 10 minuti. Nel frattempo, in una pentola capiente, sbatti insieme i tuorli e lo zucchero.

e) Quando il latte sarà pronto, versatelo lentamente nel composto di tuorli continuando a mescolare a fuoco basso. Unire lentamente la farina sbattendo a fuoco basso.

f) Continuate a frullare il composto finché non sarà liscio e denso. Togliere la padella dal fuoco. Incorporate lentamente il burro finché non si sarà sciolto.

g) Riempire la crostata con la crema pasticcera. Per realizzare uno strato singolo o doppio, posizionate sopra le mele. Mettere la torta in un forno a 180 °C per circa 1 ora dopo la cottura.

h) Rimuovere e mettere da parte a raffreddare. Quando le mele saranno abbastanza fredde da poter essere maneggiate, scalda la gelatina che preferisci e cospargila sopra.

i) Metti da parte la gelatina a raffreddare. Servire.

63. Crema pasticcera al caramello

Porzioni : 1 porzioni

Ingrediente

- ½ tazza Zucchero granulare
- 1 cucchiaino Acqua
- 4 Tuorli d'uovo o 3 uova intere
- 2 tazze Latte, scottato
- ½ cucchiaino Estratto di vaniglia

Indicazioni :

a) In una padella capiente, unisci 6 cucchiai di zucchero e 1 tazza di acqua. Scaldare a fuoco basso, agitando o girando di tanto in tanto con un cucchiaio di legno per evitare che si bruci, finché lo zucchero non diventa dorato.

b) Versare lo sciroppo di caramello in una teglia poco profonda (8x8 pollici) o in una tortiera il prima possibile. Lasciare raffreddare finché non diventa duro.

c) Preriscaldare il forno a 325 gradi Fahrenheit.

d) Sbattere insieme i tuorli o le uova intere. Mescolare il latte, l'estratto di vaniglia e lo zucchero rimanente fino a quando non saranno completamente amalgamati.

e) Versare sopra il caramello raffreddato.

f) Metti la teglia in un bagno di acqua calda. Cuocere per 1-112 ore o finché il centro non si sarà solidificato. Bello, bello, bello.

g) Per servire capovolgere con cura su un piatto da portata.

64. Torta di formaggio spagnola

Porzioni : 10 porzioni

Ingrediente

- 1 libbra Crema di formaggio
- 1 tazza e ½ Zucchero; Granulato
- 2 uova
- ½ cucchiaino Cannella; Terra
- 1 cucchiaino Scorza di limone; Grattugiato
- ¼ di tazza Farina non sbiancata
- ½ cucchiaino Sale
- 1x Zucchero dei pasticceri
- 3 cucchiai Burro

Indicazioni :

a) Preriscaldare il forno a 400 gradi Fahrenheit. Sbattere insieme il formaggio, 1 cucchiaio di burro e lo zucchero in una grande bacinella. Non picchiare.

b) Aggiungete le uova una alla volta, sbattendo energicamente dopo ogni aggiunta.

c) Unisci la cannella, la scorza di limone, la farina e il sale. Imburrare la padella con i restanti 2 cucchiai di burro, stendendolo uniformemente con le dita.

d) Versare l'impasto nella teglia preparata e infornare a 400 gradi per 12 minuti, quindi diminuire a 350 gradi e cuocere per altri 25-30 minuti. Il coltello deve essere privo di residui.

e) Quando la torta sarà raffreddata a temperatura ambiente, spolverizzatela con lo zucchero a velo.

65. Crema pasticcera fritta spagnola

Porzioni : 8 porzioni

Ingrediente

- 1 Bastoncino di cannella
- Buccia di 1 limone
- 3 tazze Latte
- 1 tazza Zucchero
- 2 cucchiai Amido di mais
- 2 cucchiaini Cannella
- Farina; per dragaggio
- Lavaggio delle uova
- Olio d'oliva; per friggere

Indicazioni :

a) Unisci la stecca di cannella, la scorza di limone, 34 tazze di zucchero e 212 tazze di latte in una pentola a fuoco medio.

b) Portare a ebollizione bassa, quindi ridurre a fuoco basso e cuocere per 30 minuti. Rimuovere la scorza di limone e la stecca di cannella. Unisci il latte rimanente e l'amido di mais in una piccola bacinella.

c) Sbattere accuratamente. Con un flusso lento e costante, mescola la miscela di amido di mais nel latte riscaldato. Portare a ebollizione, quindi ridurre a fuoco basso e cuocere per 8 minuti, mescolando spesso. Togliere dal fuoco e versare in una teglia da 8 pollici imburrata.

d) Lasciare raffreddare completamente. Coprire e raffreddare fino a completo raffreddamento. Crea triangoli da 2 pollici con la crema pasticcera.

e) Unisci le restanti 14 tazze di zucchero e la cannella in una terrina. Mescolare accuratamente. Passare i triangoli nella farina fino a ricoprirli completamente.

f) Immergi ogni triangolo nell'uovo sbattuto e sgocciola l'eccesso. Riportare la crema pasticcera nella farina e ricoprirla completamente.

g) Scaldare l'olio in una padella larga a fuoco medio. Immergere i triangoli nell'olio caldo e friggerli per 3 minuti o finché non saranno dorati su entrambi i lati.

h) Togliere il pollo dalla padella e scolarlo su carta assorbente. Condire con la miscela di zucchero e cannella e condire con sale e pepe.

i) Procedi allo stesso modo con il resto dei triangoli.

66. Torta di carciofi all'italiana

Porzioni : 8 porzioni

Ingrediente

- 3 Uova; Picchiato
- 1 Confezione da 3 once di crema di formaggio con erba cipollina; Ammorbidito
- ¾ cucchiaino Polvere d'aglio
- ¼ cucchiaino Pepe
- 1 tazza e ½ Mozzarella, Latte Parzialmente Scremato; Triturato
- 1 tazza Ricotta
- ½ tazza Maionese
- 1 Cuori di carciofo in lattina da 14 once; Drenato
- ½ Lattina da 15 once di ceci, in scatola; Sciacquato e scolato
- 1 Olive affettate in lattina da 2 1/4 Oz; Drenato
- 1 Pimientos in barattolo da 2 once; Tagliato a dadini e scolato
- 2 cucchiai Prezzemolo; Tagliato

- 1 Crosta di torta (9 pollici); Non cotto
- 2 piccoli Pomodoro; Affettato

Indicazioni :

a) Unisci le uova, la crema di formaggio, l'aglio in polvere e il pepe in una grande bacinella. Unisci 1 tazza di mozzarella, ricotta e maionese in una terrina.

b) Mescolare fino a quando tutto sarà ben amalgamato.

c) Tagliate a metà 2 cuori di carciofo e metteteli da parte. Tritare il resto dei cuori.

d) Mescolare il composto di formaggio con i cuori tritati, i ceci, le olive, i peperoni e il prezzemolo. Riempire il guscio di frolla con il composto.

e) Cuocere in forno per 30 minuti a 350 gradi. La restante mozzarella e il parmigiano dovrebbero essere cosparsi sopra.

f) Cuocere per altri 15 minuti o fino a cottura.

g) Lasciare riposare per 10 minuti.

h) Sopra disporre le fette di pomodoro e i cuori di carciofo tagliati in quarti.

i) Servire

67. Pesche al forno italiane

Porzioni : 1 porzioni

Ingrediente

- 6 Pesche mature
- ⅓ tazza Zucchero
- 1 tazza Mandorle tritate
- 1 Tuorlo d'uovo
- ½ cucchiaino Estratto di mandorla
- 4 cucchiai Burro
- ¼ di tazza Mandorle affettate
- Panna densa , facoltativa

Indicazioni :

a) Preriscaldare il forno a 350 gradi Fahrenheit. Le pesche devono essere sciacquate, tagliate a metà e snocciolate. In un robot da cucina, frullare 2 metà della pesca.

b) In un piatto, unire la purea, lo zucchero, le mandorle tritate, il tuorlo d'uovo e l'estratto di mandorle. Per ottenere una pasta liscia, unire tutti gli ingredienti in una ciotola.

c) Versare il ripieno su ciascuna metà di pesca e disporre le metà di pesca riempite in una teglia imburrata.

d) Cospargere con le mandorle a fettine e spennellare le pesche con il burro rimanente prima di infornare per 45 minuti.

e) Servire caldo o freddo, con un contorno di panna o gelato.

68. Torta piccante italiana alle prugne

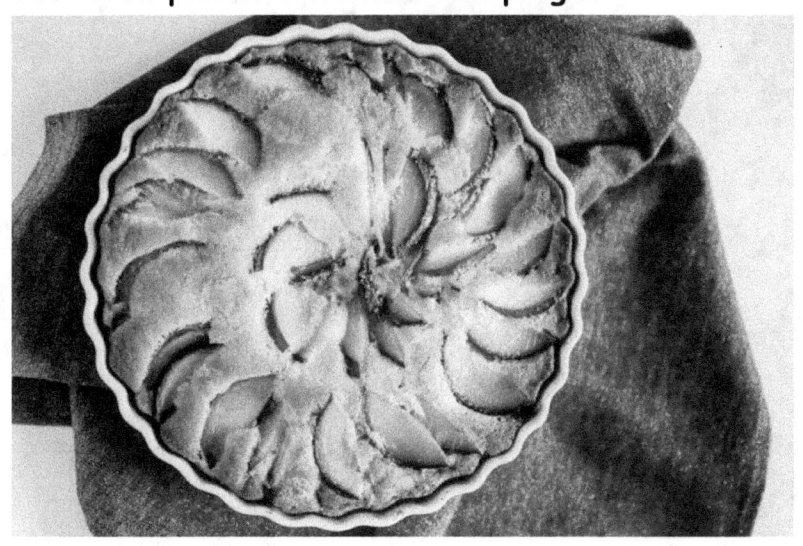

Porzioni : 12 porzioni

Ingrediente

- 2 tazze Italiano snocciolato e squartato
- Prugne, cotte fino a quando
- Morbido e raffreddato
- 1 tazza Burro non salato, ammorbidito
- 1 tazza e ¾ Zucchero granulare
- 4 Uova
- 3 tazze Farina setacciata
- ¼ di tazza Burro non salato
- ½ libbra Zucchero a velo
- 1 cucchiaio e mezzo Cacao non zuccherato
- Pizzico di sale
- 1 cucchiaino Cannella
- ½ cucchiaino Chiodi di garofano
- ½ cucchiaino Noce moscata
- 2 cucchiaini Bicarbonato di sodio

- ½ tazza Latte
- 1 tazza Noci, tritate finemente
- 2 A 3 cucchiai forti, caldi
- Caffè
- ¾ cucchiaino Vaniglia

Indicazioni:

a) Preriscaldare il forno a 350 ° F. Imburrare e infarinare una teglia da 10 pollici.

b) In una grande bacinella, unire il burro e lo zucchero fino a ottenere un composto chiaro e soffice.

c) Sbattere le uova una per una.

d) Unisci la farina, le spezie e il bicarbonato di sodio in un setaccio. A terzi unire il composto di farina al composto di burro, alternandolo con il latte. Sbattere solo per unire gli ingredienti .

e) Aggiungere le prugne e le noci cotte e mescolare per unire. Trasformare nella teglia preparata e cuocere per 1 ora in un forno a 180 °C, o fino a quando la torta inizia a restringersi dai lati della teglia.

f) Per preparare la glassa, unire il burro e lo zucchero a velo. Aggiungere gradualmente lo zucchero e il cacao in polvere, mescolando continuamente fino a quando non saranno completamente amalgamati. Condire con sale.

g) Mescolare una piccola quantità di caffè alla volta.

h) Sbattere fino a ottenere un composto chiaro e soffice, quindi aggiungere la vaniglia e decorare la torta.

69. Caramelle alle noci spagnole

Porzioni : 1 porzioni

Ingrediente

- 1 tazza Latte
- 3 tazze Zucchero di canna chiaro
- 1 cucchiaio di burro
- 1 cucchiaino Estratto di vaniglia
- 1 libbra carne di noci; tritato

Indicazioni :

a) Far bollire il latte con lo zucchero di canna finché non si caramella, quindi aggiungere il burro e l'essenza di vaniglia poco prima di servire.

b) Poco prima di togliere il candito dal fuoco aggiungete le noci.

c) In una grande ciotola, unire accuratamente le noci e versare il composto negli stampini per muffin già preparati.

d) Tagliatela subito a quadretti con un coltello affilato.

70. Budino al miele _

Porzioni : 6 porzioni

Ingrediente

- ¼ di tazza Burro non salato
- 1 tazza e ½ Latte
- 2 grandi Uova; leggermente battuto
- 6 fette Pane bianco di campagna; strappato
- ½ tazza Chiaro; miele sottile, inoltre
- 1 cucchiaio Chiaro; miele sottile
- ½ tazza Acqua calda; più
- 1 cucchiaio Acqua calda
- ¼ cucchiaino Cannella macinata
- ¼ cucchiaino Vaniglia

Indicazioni :

a) Preriscalda il forno a 350 gradi e usa un po 'di burro per imburrare una tortiera di vetro da 9 pollici. Sbattere insieme il latte e le uova, quindi aggiungere i pezzi di pane e girare per ricoprirli uniformemente.

b) Lasciare il pane in ammollo per 15-20 minuti, girandolo una o due volte. In una padella antiaderente grande, scaldare il burro rimanente a fuoco medio.

c) Friggere il pane imbevuto nel burro finché non diventa dorato, circa 2 o 3 minuti su ciascun lato. Trasferisci il pane nella teglia.

d) In una ciotola, unire il miele e l'acqua calda e mescolare fino ad ottenere un composto omogeneo.

e) Mescolare la cannella e la vaniglia e irrorare il composto sopra e attorno al pane.

f) Cuocere per circa 30 minuti o fino a doratura.

71. Torta spagnola di cipolle

Porzioni : 2 porzioni

Ingrediente

- ½ cucchiaino Olio d'oliva
- 1 litro Cipolle spagnole
- ¼ di tazza Acqua
- ¼ di tazza Vino rosso
- ¼ cucchiaino Rosmarino secco
- 250 grammi Patate
- 3/16 di tazza Yogurt naturale
- ½ cucchiaio Farina semplice
- ½ Uovo
- ¼ di tazza formaggio Parmigiano
- ⅛ tazza Prezzemolo italiano tritato

Indicazioni :

a) Preparare le cipolle spagnole affettandole sottilmente e grattugiando le patate e il parmigiano.

b) In una padella dal fondo spesso, scaldare l'olio. Cuocere, mescolando di tanto in tanto, fino a quando le cipolle saranno morbide.

c) Cuocere a fuoco lento per 20 minuti, o fino a quando il liquido sarà evaporato e le cipolle avranno assunto un colore bruno-rossastro scuro.

d) Mescolare insieme in una ciotola il rosmarino, le patate, la farina, lo yogurt, l'uovo e il parmigiano. Aggiungi le cipolle.

e) In una pirofila da forno da 25 cm ben unta, distribuire uniformemente gli ingredienti . Preriscaldare il forno a 200°C e cuocere per 35-40 minuti, o fino a doratura.

f) Guarnire con prezzemolo prima di tagliare a spicchi e servire.

72. Soufflé di pan spagnolo

Porzioni : 1

Ingrediente

- 1 Scatola di riso integrale spagnolo veloce
- 4 Uova
- 4 once Peperoncini verdi tritati
- 1 tazza Acqua
- 1 tazza Formaggio grattugiato

Indicazioni :

a) Seguire le indicazioni sulla confezione per cucinare il contenuto della scatola.

b) Una volta cotto il riso, mantecare con il resto degli ingredienti, escluso il formaggio.

c) Ricoprire con formaggio grattugiato e infornare a 180°C per 30-35 minuti.

73. Semifreddo ghiacciato al miele

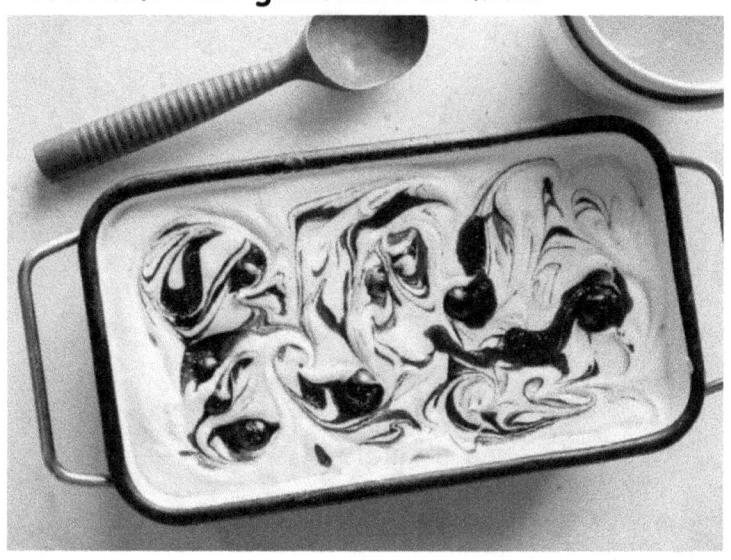

Dosi: 8 porzioni

ingredienti

- 8 once di panna pesante
- 1 cucchiaino di estratto di vaniglia
- 1/4 cucchiaino di acqua di rose
- 4 uova grandi
- 4 1/2 once di miele
- 1/4 cucchiaino più 1/8 cucchiaino di sale kosher
- Guarnizioni come frutta a fette, noci tostate, granella di cacao o scaglie di cioccolato

Indicazioni

a) Preriscaldare il forno a 350 ° F. Fodera una teglia da 9 x 5 pollici con pellicola trasparente o carta pergamena.

b) Per il Semifreddo, nella ciotola della planetaria dotata di frusta, sbattere a neve ferma la panna, la vaniglia e l'acqua di rose.

c) Trasferire in una ciotola o piatto separato, coprire e conservare in frigorifero fino al momento dell'uso.

d) Nella ciotola della planetaria, sbatti insieme le uova, il miele e il sale. Per frullare, utilizzare una spatola flessibile per mescolare tutto insieme. Regolare il calore per mantenere una lenta ebollizione sul bagnomaria preparato, assicurandosi che la ciotola non tocchi l'acqua.

e) In una bacinella di acciaio inossidabile, cuocere, roteando e raschiando regolarmente con una spatola flessibile, fino a quando non sarà riscaldato a 165 ° F, circa 10 minuti.

f) Trasferisci il composto in una planetaria dotata di frusta una volta raggiunta la temperatura di 165°F. Sbattere le uova a fiamma alta fino a quando non saranno schiumose.

g) Sbattere delicatamente a mano metà della panna montata preparata. Aggiungere gli ingredienti rimanenti, sbattere velocemente, quindi incorporare con una spatola flessibile fino ad ottenere un composto ben amalgamato.

h) Versare nella teglia preparata, coprire bene e congelare per 8 ore o fino a quando non sarà abbastanza solido da poterlo affettare, o fino a quando la temperatura interna raggiunge 0 ° F.

i) Capovolgere il semifreddo su un piatto raffreddato e servire.

74. zabaione

Porzioni: 4

ingredienti

- 4 tuorli d'uovo
- 1/4 tazza di zucchero
- 1/2 bicchiere di Marsala Dry o altro vino bianco secco
- qualche rametto di menta fresca

Indicazioni :

a) In una bacinella resistente al calore, sbatti insieme i tuorli e lo zucchero fino a ottenere un composto giallo pallido e lucido. Il Marsala va poi mantecato.

b) Portare a ebollizione una pentola media piena per metà d'acqua. Inizia a sbattere il composto di uova e vino nella ciotola resistente al calore sopra la pentola.

c) Continuare a sbattere per 10 minuti con le fruste elettriche (o una frusta) sull'acqua calda.

d) Utilizzare un termometro a lettura istantanea per garantire che la miscela raggiunga i 160°F durante il periodo di cottura.

e) Togliere dal fuoco e versare lo zabaione sulla frutta preparata, guarnendo con foglie di menta fresca.

f) Lo zabaione è altrettanto delizioso servito sopra il gelato o da solo.

75. Affogato

Porzioni: 1

ingredienti

- 1 pallina di gelato alla vaniglia
- 1 bicchierino di caffè espresso
- Un filo di salsa al cioccolato, facoltativo

Indicazioni :

a) In un bicchiere mettere una pallina di gelato alla vaniglia e 1 bicchierino di caffè espresso.

b) Servire !

BEVANDE MEDITERRANEE

76. Rum e zenzero

Porzioni: 1 persona

Ingredienti :

- Rum Bacardi da 50 ml
- 100 ml di birra allo zenzero
- 2 fette di lime
- 2 gocce di Angostura bitter
- 1 rametto di menta

Indicazioni :

a) Aggiungi il ghiaccio in un bicchiere.

b) Aggiungi succo di lime, rum, birra allo zenzero e bitter .

c) Mescolare delicatamente gli ingredienti insieme.

d) Decorare con una fetta di lime e foglioline di menta.

e) Servire.

77. Soda alla crema italiana

Porzioni: 1 porzioni

Ingrediente

- 1 oncia di latte freddo
- Da 1 oncia a 1 1/2 oz Pesca o altro sapore di sciroppo
- Ghiaccio
- 9 once di acqua frizzante
- Frutta fresca o metà e metà per guarnire

Indicazioni :

a) In un bicchiere da 12 once, unire il latte e lo sciroppo e mescolare accuratamente.

b) Riempire il bicchiere per metà con ghiaccio, quindi colmare con acqua frizzante. Mescolare ancora una volta.

c) Servire con frutta fresca o un cucchiaino di metà e metà come guarnizione.

78. Sangria spagnola

Porzioni: da 6 a 8 porzioni

ingredienti

- 1 arancia, affettata
- 2 limoni, a fette
- 1/2 tazza di zucchero
- 2 bottiglie di vino rosso
- 2 once triple sec
- 1/2 tazza di brandy
- 2 lattine (12 once) di soda al limone e lime

Indicazioni :

a) In una grande ciotola da punch, affetta l'arancia e i limoni a fette spesse 1/8 di pollice.

b) Aggiungi 1/2 tazza di zucchero (o meno se lo desideri) e lascia che la frutta si impregni nello zucchero per circa 10 minuti, giusto il tempo necessario per far fuoriuscire i succhi naturali della frutta.

c) Aggiungere il vino e mescolare bene per sciogliere lo zucchero.

d) Unire il triple sec e il brandy.

e) Aggiungi 2 lattine di soda e mescola

f) Aggiungi più zucchero o soda se lo desideri. Controlla se lo zucchero si è completamente sciolto.

g) Per raffreddare completamente la ciotola del punch, aggiungere una grande quantità di ghiaccio.

h) Se servi la sangria in brocche, riempile per metà con ghiaccio e poi versaci sopra la sangria.

79. Tinto de verano

Porzione: 1 porzione

ingredienti

- 3-4 cubetti di ghiaccio
- 1/2 bicchiere di vino rosso
- 1/2 tazza di soda al limone e lime
- Fetta di limone, per guarnire

Indicazioni :

a) In un bicchiere alto mettere i cubetti di ghiaccio.

b) Aggiungi il vino rosso e la soda.

c) Servire con una fetta di limone come guarnizione.

80. Sangria al vino bianco

Porzioni: 8 porzioni

ingredienti

- 3 arance medie o 1 tazza di succo d'arancia
- 1 limone, tagliato a spicchi
- 1 lime, tagliato a spicchi
- 1 bottiglia di vino bianco, ghiacciato
- 2 once di brandy, facoltativo
- 2/3 tazza di zucchero bianco
- 2 tazze di soda club o ginger ale

Indicazioni :

a) In una brocca, spremi il succo degli spicchi di agrumi.

b) Eliminate i semi e, se possibile, aggiungete gli spicchi. Se lo usi, riempi la caraffa con il succo d'arancia.

c) Versare il vino bianco sulla frutta nella brocca.

d) Aggiungi il brandy e lo zucchero, se lo usi. Per garantire che tutto lo zucchero sia sciolto, mescolare energicamente.

e) Conservatelo in frigorifero se non lo servite subito.

f) Per mantenere la sangria frizzante, aggiungi la ginger ale o la club soda subito prima di servire.

81. Orzata

Porzioni: 4 porzioni

ingredienti

- 1 tazza di riso bianco a grani lunghi
- 1 stecca di cannella, rotta
- 1 cucchiaino di scorza di lime
- 5 tazze di acqua potabile (divise)
- 1/2 tazza di zucchero semolato

Indicazioni :

a) Polverizzare il riso nel mixer fino a raggiungere una consistenza farinosa.

b) Condiscilo con la stecca di cannella e la scorza di lime e lascialo riposare in un contenitore ermetico a temperatura ambiente per tutta la notte.

c) Rimettere il composto di riso nel frullatore e frullare fino a quando i pezzetti di bastoncino di cannella saranno completamente distrutti.

d) Mescolare 2 tazze d'acqua nella miscela.

e) Lasciarlo a bagno in frigorifero per alcune ore.

f) Filtra il liquido attraverso un colino fine o alcuni strati di garza in una brocca o una ciotola, spremendo frequentemente per rimuovere la maggior quantità possibile di acqua di riso lattiginosa.

g) Mescolare 3 tazze d'acqua e lo zucchero fino a quando lo zucchero non sarà completamente sciolto.

h) Raffreddare l'horchata prima di servire.

82. Licor43Cuba Libre

Porzione: 1 porzione

ingredienti

- 1 oncia di Licor 43
- 1/2 oncia di rum
- 8 once di cola
- 1/2 oncia di succo di limone
- Fetta di limone, per guarnire

Indicazioni :

a) Metti i cubetti di ghiaccio in un bicchiere da 12 once.

b) Inserire nel bicchiere il Licor 43 e il rum; completare con cola.

c) Spremete il succo di limone nel bicchiere; Mescolare per unire; e servire con una fetta di limone come guarnizione.

d) Godere!

83. Frutta Agua Fresca

ingredienti

- 4 tazze di acqua potabile
- 2 tazze di frutta fresca
- 1/4 tazza di zucchero
- 2 cucchiaini di succo di lime appena spremuto
- spicchi di lime per guarnire
- Ghiaccio

Indicazioni :

a) Unisci l'acqua, lo zucchero e la frutta in un frullatore.

b) Frullare fino a ottenere una consistenza completamente liscia. Riempire a metà una brocca o un contenitore da portata con il composto.

c) Aggiungere il succo di lime e mescolare per unire. Se necessario, aggiungere altro zucchero dopo l'assaggio.

d) Servire con una fetta di limone o lime come guarnizione.

e) Se lo si desidera, servire con ghiaccio.

84. Caipirinha

Porzione: 1 porzione

ingredienti

- 1/2 lime
- 1 1/2 cucchiaini di zucchero superfino
- 2 once di cachaça/liquore alla canna da zucchero
- Ruota di lime, per guarnire

Indicazioni :

a) Tagliare mezzo lime a piccoli spicchi utilizzando un coltello.

b) Mescolare insieme il lime e lo zucchero in un bicchiere vecchio stile.

c) Aggiungere la cachaça alla bevanda e mescolare bene.

d) Aggiungi piccoli cubetti di ghiaccio o ghiaccio tritato nel bicchiere, mescola ancora, quindi guarnisci con una fetta di lime.

85. Carajillo

ingredienti

- $\frac{1}{2}$ tazza di caffè espresso preparato o decaffeinato
- Da 1 $\frac{1}{2}$ a 2 once di Licor 43
- 8 cubetti di ghiaccio

Indicazioni :

a) Versare 12-2 once di Licor 43 con ghiaccio in un bicchiere Old Fashioned.

b) Mestolo lentamente l'espresso appena preparato.

c) Versare l'espresso sul dorso di un cucchiaio per creare un effetto a strati, quindi servire.

86. Liquore al limone

ingredienti

- 10 limoni biologici preferibilmente
- 4 tazze di vodka di alta qualità come Grey Goose
- 3 tazze e ½ di acqua
- 2 tazze e ½ di zucchero semolato

Indicazioni :

a) Lavate i limoni con una spazzola per verdure e acqua calda per eliminare ogni residuo di pesticidi o cera. Asciugare i limoni.

b) Con un pelapatate eliminate la buccia dei limoni a strisce lunghe, utilizzando solo la parte gialla esterna della scorza. Il midollo, cioè la parte bianca sotto la scorza, è estremamente amaro. Conservate i limoni per utilizzarli in un altro piatto.

c) In un grande barattolo o brocca, versare la vodka.

d) Metti le bucce di limone nel barattolo grande o nella brocca e copri con un coperchio o una pellicola trasparente.

e) Lasciare in infusione le bucce di limone nella vodka a temperatura ambiente per 10 giorni.

f) Dopo 10 giorni, mettete l'acqua e lo zucchero in una pentola capiente a fuoco medio e portate a ebollizione lenta, circa 5 – 7 minuti. Lasciare raffreddare completamente.

g) Togliere lo sciroppo dal fuoco e metterlo da parte a raffreddare prima di unirlo alla miscela Limoncello di scorze di limone e vodka. Riempire a metà la miscela di limone/vodka con lo sciroppo di zucchero.

h) Utilizzando un colino a rete, un filtro da caffè o una garza, filtrare il limoncello.

i) Buttare via le bucce. Usando un piccolo imbuto, trasferiscilo in bottiglie decorative a pinza.

j) Refrigerare le bottiglie fino a quando non saranno completamente fredde.

87. Sgroppino

ingredienti

- 4 once di vodka
- Prosecco da 8 once
- 1 porzione di sorbetto al limone
- Guarnizioni facoltative
- scorza di limone
- spicchi di limone
- twist di limone
- foglie di menta fresca
- foglie di basilico fresco

Indicazioni :

a) In un frullatore, unire i primi tre ingredienti.

b) Lavorare fino a ottenere un composto liscio e omogeneo.

c) Servire in flute da champagne o bicchieri da vino.

88. Aperol Spritz

ingredienti

- 3 once di prosecco
- 2 once di Aperol
- 1 oncia di soda club
- Decorazione: fetta d'arancia

Indicazioni :

a) In un bicchiere da vino pieno di ghiaccio, sbatti insieme il prosecco, l'Aperol e la club soda.

b) Aggiungere una fetta d'arancia come guarnizione.

89. Soda italiana alla mora

ingredienti

- 1/3 tazza di sciroppo di more
- 2/3 tazza di soda club

Indicazioni

a) In un bicchiere da 10 once, versare lo sciroppo.

b) Aggiungere la soda e mescolare bene.

90. Granita al caffè italiano

ingredienti

- 4 tazze d'acqua
- 1 tazza di caffè espresso tostato macinato
- 1 tazza di zucchero

Indicazioni :

a) Portare a ebollizione l'acqua, quindi aggiungere il caffè. Versare il caffè attraverso un colino. Aggiungere lo zucchero e mescolare bene. Lasciare raffreddare la miscela a temperatura ambiente.

b) Friggere gli **ingredienti** in una padella 9x13x2 per 20 minuti. Usando una spatola piatta, raschiare il composto (personalmente mi piace usare una forchetta).

c) Raschiare ogni 10-15 minuti fino ad ottenere un composto denso e granuloso. Se si formano dei pezzi spessi, frullateli in un robot da cucina prima di rimetterli nel congelatore.

d) Servire con una piccola cucchiaiata di panna fredda in uno splendido dessert freddo o in una lezione di Martini.

91. Limonata al basilico italiano

Porzioni: 6

ingredienti

- 3 limoni
- ⅓ tazza di zucchero
- 2 tazze d'acqua
- 1 tazza di succo di limone
- ¼ di tazza di foglie di basilico fresco

Per servire:

- 2 tazze di acqua o soda ghiacciata
- Ghiaccio tritato
- Decorare con fettine di limone e rametti di basilico

Indicazioni :

a) Unisci lo zucchero, l'acqua e 1 tazza di succo di limone in una casseruola a fuoco medio.

b) Mescolare e cuocere finché il composto non bolle e lo zucchero si scioglie. Togliere la padella dal fuoco e aggiungere le foglie di basilico e le strisce di scorza di limone.

c) Lasciare il basilico in ammollo nell'acqua per 5-10 minuti.

d) Rimuovere i pezzi di basilico e di scorza dallo sciroppo di basilico e limone filtrandolo. Conservare in frigorifero fino a completo raffreddamento in un barattolo di vetro o altro contenitore coperto.

e) Quando sei pronto per servire la limonata, unisci il concentrato di limonata, l'acqua o la soda, il ghiaccio tritato e i rametti di basilico in una brocca.

f) Versare in bicchieri separati.

g) Completare con foglie di basilico fresco e fette di limone per guarnire.

92. Gingermore

ingredienti

- 1 oncia di succo di lime
- 2 fettine di zenzero fresco
- 4 more
- Sanpellegrino Limonata

Indicazioni :

a) Confondere le more e lo zenzero fresco sul fondo di un bicchiere alto e robusto (capacità di 14 once).

b) Inserire nel bicchiere i cubetti di ghiaccio e colmare con Sanpellegrino Limonata.

c) Usando un cucchiaio da bar, unisci delicatamente gli ingredienti.

d) Aggiungere la scorza di limone, le more e la menta fresca per guarnire.

93. Ugo

PORZIONI 1

ingredienti

- 15 cl Prosecco, fresco
- 2 cl di sciroppo di sambuco, oppure sciroppo di melissa
- un paio di foglie di menta
- 1 succo di limone appena spremuto o succo di lime
- 3 cubetti di ghiaccio
- shot di acqua minerale frizzante o acqua gassata
- fetta di limone, o lime per la decorazione del bicchiere o come guarnizione

Indicazioni :

a) Mettete i cubetti di ghiaccio, lo sciroppo e le foglie di menta in un bicchiere da vino rosso. Consiglio di tamponare leggermente le foglie di menta in anticipo poiché ciò attiverà l'aroma dell'erba.

b) Versare nel bicchiere il succo di limone o lime appena spremuto. Metti una fetta di limone o lime nel bicchiere e aggiungi del Prosecco fresco.

c) Dopo qualche istante aggiungere una spruzzata di acqua minerale frizzante.

94. Frappé spagnolo di frutta fresca

Porzioni : 6 porzioni

Ingredienti :

- 1 tazza Anguria , tagliata a dadini
- 1 tazza Melone , tagliato a cubetti
- 1 tazza Ananas , tagliato a dadini
- 1 tazza Mango , affettato
- 1 tazza Fragole , tagliate a metà
- 1 tazza succo d'arancia
- $\frac{1}{4}$ di tazza Zucchero

Indicazioni :

a) Unisci tutti gli **ingredienti** in una ciotola. Riempire il frullatore a metà con il contenuto e rabboccarlo con ghiaccio tritato.

b) Coprire e unire ad alta velocità fino ad ottenere una consistenza consistente. Ripetere con il resto del composto.

c) Servire subito, volendo accompagnare con frutta fresca.

95. Cioccolata calda in stile spagnolo

Porzioni : 6 porzioni

Ingrediente

- ½ libbra Cioccolato dolce del panettiere
- 1 litro Latte; (o 1/2 Latte metà Acqua)
- 2 cucchiaini Amido di mais

Indicazioni :

a) Spezzettate il cioccolato in piccoli pezzetti e unitelo al latte in un pentolino.

b) Scaldate lentamente, mescolando continuamente con una frusta, finché il composto non arriverà poco sotto il punto di ebollizione.

c) Utilizzando qualche cucchiaino di acqua, sciogliere l'amido di mais.

d) Incorporate l'amido di mais sciolto nel composto di cioccolato finché il liquido non si sarà addensato.

e) Servire subito in bicchieri caldi.

96. Chinotto Verde

Ingredienti :

- 3 cl di sciroppo di salvia e menta
- ¾ oz/2,5 cl di succo di lime
- Rabboccare con Chinotto Sanpellegrino

Indicazioni :

a) Versare tutto lo sciroppo e il succo in un bicchiere grande e robusto.

b) Usando un cucchiaio da bar, mescola attentamente il tutto.

c) Aggiungere ghiaccio nel bicchiere e colmare con Chinotto Sanpellegrino.

d) Servire con uno spicchio di lime e menta fresca come guarnizione.

97. Rose Spritz _ _

Porzioni : 1 bevanda

ingredienti

- 2 once di aperitivo alla rosa o liquore alla rosa
- 6 once di Prosecco o spumante
- 2 once di soda
- Fetta di pompelmo per guarnire

Indicazioni :

a) In uno shaker, unisci 1 parte di Aperitivo alla rosa, 3 parti di Prosecco e 1 parte di soda.

b) Agitare vigorosamente e filtrare in una coppetta da cocktail.

c) Aggiungere ghiaccio tritato o cubetti di ghiaccio.

d) Aggiungere una fetta di pompelmo come guarnizione. Bevi il prima possibile.

98. Tesoro , ape cortado

Ingredienti :

- 2 colpi di caffè espresso
- 60 ml di latte cotto a vapore
- 0,7 ml di sciroppo di vaniglia
- 0,7 ml di sciroppo di miele

Indicazioni :

a) Prepara un doppio espresso.

b) Portare a ebollizione il latte.

c) Irrorare il caffè con gli sciroppi di vaniglia e miele e mescolare bene.

d) Schiuma uno strato sottile sopra la miscela di caffè/sciroppo aggiungendo parti uguali di latte.

99. Amari agli agrumi

Porzioni: 2

Ingredienti :

- 4 arance preferibilmente biologiche
- 3 cucchiai di anice stellato
- 1 cucchiaio di chiodi di garofano
- 1 cucchiaio di baccelli di cardamomo verde
- 1 cucchiaio di radice di genziana
- 2 tazze di vodka o altro alcol forte

Indicazioni :

a) In un barattolo di vetro aggiungere la scorza/buccia d'arancia essiccata, le altre spezie e la radice di genziana. Per scoprire i semi all'interno dei baccelli di cardamomo, schiacciarli.

b) Usando un alcol a gradazione forte di tua scelta, copri completamente le bucce d'arancia e le spezie.

c) Agitare la miscela con l'alcol per i prossimi giorni. Lasciare che le bucce d'arancia e le spezie penetrino nell'alcol per molti giorni o settimane.

d) Dalla tintura alcolica ormai saporita, filtrare le bucce e le spezie.

100. Pisco Sour

Porzioni 1

ingredienti

- 2 once di pisco
- 1 oncia di sciroppo semplice
- ¾ oz di succo di lime
- 1 albume d'uovo
- 2-3 gocce di Angostura bitter

Indicazioni

a) Mescola il pisco, il succo di lime, lo sciroppo semplice e l'albume in uno shaker.

b) Aggiungere il ghiaccio e agitare energicamente.

c) Filtrare in un bicchiere vintage.

d) Completare la schiuma con qualche pizzico di bitter Angostura.

CONCLUSIONE

Mentre chiudiamo le pagine di "Un viaggio culinario nel Mediterraneo", speriamo che tu abbia sentito il calore del sole del Mediterraneo e l'abbraccio del suo ricco patrimonio culinario. Attraverso ogni ricetta, ti sei connesso con le generazioni passate e presenti, scoprendo l'arte di trasformare ingredienti semplici in piatti straordinari che nutrono corpo e anima.

Possano i sapori del Mediterraneo continuare a ispirare le tue avventure in cucina. Che tu stia ricreando un caro ricordo o intraprendendo una nuova esplorazione culinaria, possa lo spirito del Mediterraneo infondere ogni boccone con gioia, gratitudine e un senso di connessione con il mondo che ci circonda.

Grazie per aver intrapreso questo viaggio con noi. Mentre continui ad assaporare il sole attraverso la tua cucina, possa la tua tavola essere un luogo di celebrazione, connessione e il godimento più puro dei sapori squisiti della vita.

www.ingramcontent.com/pod-product-compliance
Lightning Source LLC
LaVergne TN
LVHW021652060526
838200LV00050B/2323